Schritt für Schritt in Alltag und Beruf 2

Niveau A1.2

Deutsch als Zweitsprache

Kursbuch und Arbeitsbuch

Daniela Niebisch
Sylvette Penning-Hiemstra
Franz Specht
Dörte Weers
Monika Bovermann
Angela Pude

Hueber Verlag

Beratung:
Ulrike Ankenbrank, München
Annette Decker, Neu-Isenburg

Für die hilfreichen Hinweise danken wir:
PD Dr. Marion Grein, Johannes Gutenberg-Universität Mainz
sowie allen Teilnehmerinnen und Teilnehmern an den Kursleiter-Workshops

Foto-Hörgeschichte:
Darsteller: Constanze Fennel, Gerhard Herzberger, Philip Krause,
Mirjam Luttenberger, Paula Miessen u. a.
Fotograf: Matthias Kraus, München

Die Mediendateien finden Sie in der *Hueber Media*-App und unter
www.hueber.de/schritt-fuer-schritt

8. 7. 6. | Die letzten Ziffern
2029 28 27 26 25 | bezeichnen Zahl und Jahr des Druckes.
Alle Drucke dieser Auflage können, da unverändert,
nebeneinander benutzt werden.
1. Auflage

Umschlaggestaltung: Sieveking Agentur, München
Layout und Satz: Sieveking Agentur, München
GPSR-Kontakt: Hueber Verlag GmbH & Co. KG, Baubergerstraße 30, 80992 München,
kundenservice@hueber.de
Druck und Bindung: FIRMENGRUPPE APPL Holding GmbH & Co. KG, Senefelderstraße 3–11,
86650 Wemding, info@appl.de
Printed in Germany
ISBN 978–3–19–021087–9

Art. 530_25638_001_06

Aufbau

Symbole und Piktogramme

Kursbuch

3 ▶ 9 Hörtext

Film

Einsatz mobiler Geräte (fakultativ)

ÜG Verweis auf Schritte Neu Grammatik (ISBN 978-3-19-011081-0)

Grammatik:

Er muss einen Antrag ausfüllen.

Hinweis:

Man schreibt:	Man sagt:
1999	19hundert99
2016	2tausend16

Kommunikation:

Zuerst muss man ...
Danach ... und dann ...
Dann ...
Zum Schluss ...

Audios und Videos zum Einschleifen und Üben der Redemittel:

3 | 15–17 AUDIO-TRAINING

VIDEO-TRAINING

Arbeitsbuch

2 ▶ 1 Hörtext

B2 Verweis ins Kursbuch

Inhaltsverzeichnis **Kursbuch**

D	E	Wortfelder	Grammatik
Stellenanzeigen · Stellenanzeigen verstehen · Telefongespräch: Informationen erfragen · ein Stellengesuch schreiben		· Berufe · Arbeit	· Wortbildung Nomen: *der Arzt → die Ärztin, der Hausmann → die Hausfrau* · lokale Präposition *bei*: *Ich arbeite bei ...* · modale Präposition *als*: *Ich arbeite als ...* · temporale Präpositionen *vor, seit, für*: *vor einem Jahr* · Präteritum *sein, haben*: *war, hatte*
Auf dem Amt · ein Meldeformular ausfüllen · um Erklärungen und Verständnishilfen bitten		· Amt · Regeln in Verkehr und Umwelt · Meldeformular	· Modalverben *müssen, dürfen* · Satzklammer: *Er muss einen Antrag ausfüllen.* · Pronomen *man* · Imperativ: *Warten Sie bitte!* · Verbkonjugation: *helfen*
Krankschreibung · sich telefonisch und schriftlich krankmelden	**Anruf beim Arzt** · einen Termin vereinbaren	· Körperteile · Krankheiten · Brief	· Possessivartikel: *dein, sein, ihr, unser, ...* · Modalverb *sollen* · Satzklammer: *Ich soll Schmerztabletten nehmen.*
Wir gehen zu Walter und holen das Auto. · Orte und Richtungen angeben	**Am Bahnhof** · Durchsagen verstehen · am Schalter: um Auskunft bitten · Fahrplänen Informationen entnehmen	· Einrichtungen und Orte in der Stadt · Verkehrsmittel	· modale Präposition *mit*: *Wir fahren mit dem Auto.* · lokale Präposition *an, auf, bei, hinter, in, neben, über, unter, vor, zwischen*: *Wo ...? – Neben dem Kiosk.* · lokale Präpositionen *zu, nach, in*: *Wohin ...? – Zum Arzt.*
Telefonansagen · Telefonansagen verstehen und formulieren	**Hilfe im Alltag** · Service-Anzeigen verstehen · eine Gebrauchsanweisung verstehen · Telefongespräch: Kundenservice	· Kundenservice · Telekommunikation	· temporale Präpositionen *vor, nach, bei, in, bis, ab*: *Wann ...? – In einer Stunde. Ab wann ...? – Ab morgen.* · Konjunktiv II: *würde, könnte* · Satzklammer: *Könnten Sie mir bitte helfen?* · Verben mit verschiedenen Präfixen: *an-, aus-, auf-, zumachen*
Welche meinst du? – Na, diese. · Vorlieben erfragen · eine Auswahl treffen	**Im Kaufhaus** · um Hilfe / Rat fragen	· Kleidung und Gegenstände	· Demonstrativpronomen *der, das, die, dies-*: *die Hose → Die ist gut! Diese Hose gefällt mir.* · Frageartikel *welch-*: *Welches Hemd?* · Personalpronomen im Dativ: *mir, dir, ...* · Verben mit Dativ: *gefallen, gehören, passen, ...* · Komparation: *gut, gern, viel* · Verbkonjugation: mögen
Einladung · Einladungen verstehen und schreiben	**Feste und Glückwünsche** · Feste nennen · Glückwünsche formulieren	· Monate · Feste · Glückwünsche	· Ordinalzahlen: *der erste, ...* · Personalpronomen im Akkusativ: *mich, dich, ...* · Konjunktion *denn*: *Maria kommt nicht, denn sie hat am Abend noch einen Kurs.* · Verbkonjugation: *werden*

Inhaltsverzeichnis **Arbeitsbuch**

Vorwort

Liebe Leserinnen, liebe Leser,

mit *Schritt für Schritt in Alltag und Beruf* legen wir Ihnen ein speziell auf die Bedürfnisse von Lese- und Schreibungeübten zugeschnittenes Lehrwerk vor, mit dem wir das bewährte und erprobte Konzept von *Schritte plus Neu* insbesondere für diese Zielgruppe anpassen konnten.

Mit *Schritt für Schritt in Alltag und Beruf* bieten wir ein passgenaues Lehrwerk für lese- und schreibungewohnte Teilnehmer/innen in den Integrationskursen an. Durch vereinfachte Aufgabenstellungen, Transparenz sowie Kleinschrittigkeit durch die Stoffverteilung in kleine Lernportionen und Festigung in Schreibaufgaben u.v.m. ist das Lehrwerk hervorragend auf die Erfordernisse Ihres Unterrichts angepasst.

Im Folgenden geben wir Ihnen einen Überblick über Neues und Altbewährtes im Lehrwerk und wünschen Ihnen viel Freude in Ihrem Unterricht.

Schritt für Schritt in Alltag und Beruf A1.1 und A1.2

- führt Lernende ohne Vorkenntnisse in 2 Bänden zu dem Sprachniveau A1
- orientiert sich an den Vorgaben des Gemeinsamen Europäischen Referenzrahmens sowie an den Vorgaben des Rahmencurriculums für Integrationskurse des Bundesamts für Migration und Flüchtlinge
- bereitet kleinschrittig auf die Prüfung *Start Deutsch 1* (Stufe A1) vor
- bereitet die Lernenden auf die Anforderungen in Alltag und Beruf vor
- ermöglicht einen zeitgemäßen Unterricht mit vielen Angeboten zum fakultativen Medieneinsatz (verfügbar im Medienpaket sowie im Lehrwerkservice und abrufbar über die *Hueber Media*-App)

Der Aufbau von *Schritt für Schritt in Alltag und Beruf*

Kursbuch (sieben Lektionen)

- Lektionsaufbau:
- Einstiegsdoppelseite mit einer Foto-Hörgeschichte als thematischer und sprachlicher Rahmen der Lektion (verfügbar als Audio oder Slide-Show) sowie einem Film mit Alltagssituationen der Figuren aus der Foto-Hörgeschichte
- Lernschritte A – C: kleinschrittige Einführung des Stoffs in abgeschlossenen Einheiten mit einer besonders klaren Struktur
- Lernschritte D+E: Trainieren der vier Fertigkeiten Hören, Lesen, Sprechen und Schreiben mit einem speziell für Lese- und Schreibungeübte angepassten Schwierigkeitsgrad; und systematische Erweiterung des Stoffs der Lernschritte A – C
- eine klare Übersichtsseite Grammatik und Kommunikation mit Möglichkeiten zum Festigen und Weiterlernen sowie zur aktiven Überprüfung und Automatisierung des gelernten Stoffs durch ein Audiotraining und ein Videotraining
- eine Doppelseite „Zwischendurch mal ..." mit spannenden fakultativen Unterrichtsangeboten wie Filmen, Projekten, Spielen, Liedern etc. und vielen Möglichkeiten für einen abwechslungsreichen Unterricht

Arbeitsbuch (sieben Lektionen)

- Lektionsaufbau:
- abwechslungsreiche Übungen zu den Lernschritten A – E des Kursbuchs
- Übungsangebot mit klaren Aufgabenstellungen, vielen Schreibaufgaben und mehr Raum für komplexe Inhalte
- ein systematisches Phonetik-Training
- ein systematisches Schreibtraining
- Aufgaben zur Prüfungsvorbereitung
- Selbsttests am Ende jeder Lektion zur Kontrolle des eigenen Lernerfolgs der Teilnehmer

Anhang:

- Lernwortschatzseiten mit Lerntipps, Beispielsätzen und illustrierten Wortfeldern
- Grammatikübersicht

Außerdem finden Sie im Lehrwerkservice zu *Schritt für Schritt in Alltag und Beruf* vielfältige Zusatzmaterialien für den Unterricht und zum Weiterlernen.

Viel Spaß beim Lehren und Lernen mit *Schritt für Schritt in Alltag und Beruf* wünschen Ihnen

Autoren und Verlag

Die erste Stunde im Kurs

Hallo! Ich bin Lara Nowak. Ich bin zwanzig Jahre alt und komme aus Polen. Im Moment lebe ich aber in München. Hier gefällt es mir sehr gut. Ich gehe in eine Sprachenschule und lerne Deutsch. Ich wohne bei Sofia und Lili. Das ist richtig schön.

Hallo! Mein Name ist Tim Wilson. Ich komme aus Ottawa. Ottawa ist die Hauptstadt von Kanada. Zurzeit lebe ich in München und lerne Deutsch. Das macht total Spaß! Lara kenne ich aus der Sprachenschule. Sie macht auch einen Deutschkurs dort.

Hallo, ich heiße Sofia Baumann. Ich bin nicht verheiratet und habe eine Tochter. Sie heißt Lili. Von Montag bis Freitag habe ich leider nicht viel Zeit für Lili. Ich bin nämlich Physiotherapeutin. Ich gehe morgens schon früh in die Praxis und komme abends spät nach Hause.

Hallo, ich heiße Lili. Ich bin neun und gehe schon ganz lange zur Schule, ungefähr vier Jahre. Seit ein paar Monaten wohnt Lara bei uns. Das gefällt mir. Ich mag sie nämlich sehr gern. Nein: sehr, sehr, sehr gern! … Ach ja, noch was: Meine Hobbys sind Essen und Lachen.

Grüß Gott! Ich bin Walter Baumann. Ich bin der Vater von Sofia und Lili ist meine Enkelin. Ich wohne auch in München, aber allein, nicht zusammen mit Sofia, Lili und Lara.

Lesen Sie die Texte. Stellen Sie sich dann vor.

- ◆ Wie heißen Sie?
- ○ Ich heiße Andrea Kovács.
- ◆ Woher kommen Sie?
- ○ Ich komme aus Ungarn.
- ◆ Aha, interessant. Und wo haben Sie dort gewohnt?
- ○ In Pécs. Das ist in Südungarn.

Wie …? Woher …?/Wo …? Haben Sie / Hast du Kinder? Was sprechen Sie / sprichst du? Was sind Ihre/deine Hobbys? Was machen Sie / machst du in der Freizeit?	Ich heiße … Ich komme aus / wohne in … Ich habe keine/… Kinder. Ich spreche … Meine Hobbys sind … Ich … gern …

Beruf und Arbeit

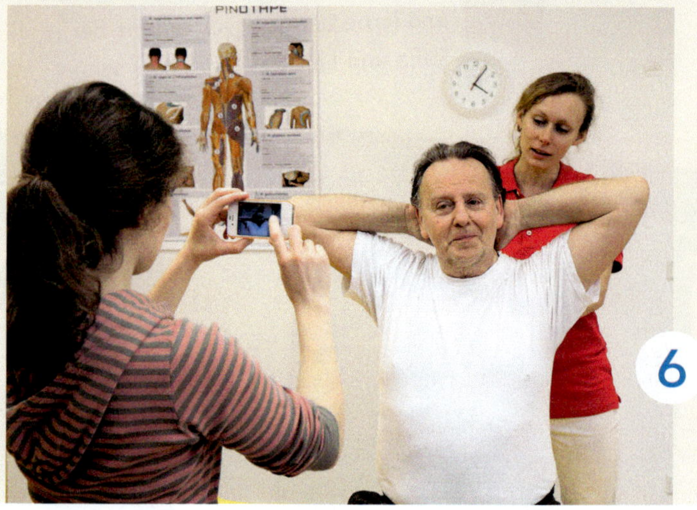

1 Sehen Sie die Fotos an. Was meinen Sie? Was ist richtig? Kreuzen Sie an.

a Wo sind Lara und Tim heute?
- ○ in Sofias Praxis
- ○ im Krankenhaus

b Was machen Lara und Tim?
- ○ ein Interview für den Deutschkurs
- ○ ein Interview für eine Zeitung oder das Fernsehen

c Sie sprechen mit Sofia über ...
- ○ Familie und Beruf.
- ○ Arbeit und Beruf.

d Wer ist der Mann auf Foto 1?

- ○ Sofias Patient
- ○ Sofias Chef

e Was ist der Mann von Beruf?

- ○ Hausmeister
- ○ Journalist

3 ▶ 1–8

2 Hören Sie und vergleichen Sie.

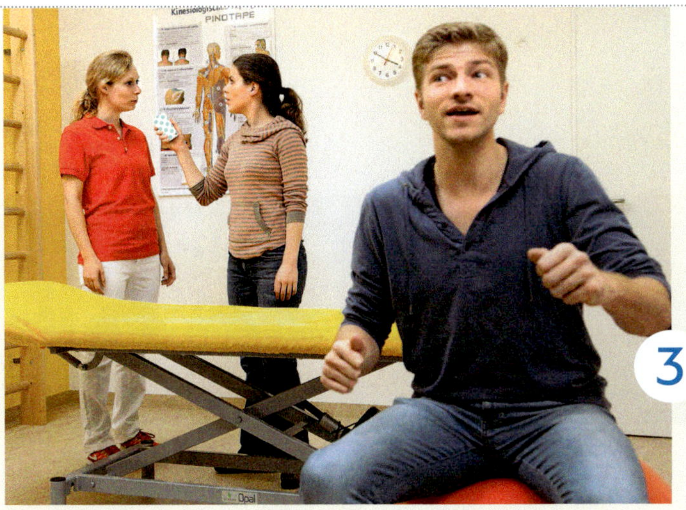

3 ▶ 1–8 **3 Hören Sie noch einmal und ordnen Sie zu.**

~~Physiotherapeutin~~ Patient Hausmeister Chef
Praxis Beruf Journalisten ~~Deutschkurs~~ 35

a Lara will ein Interview für den Deutschkurs machen. Das Thema ist „Arbeit und ……………“.
b Herr Koch ist …………… von Beruf. Er kommt auch zum Interview.
c Sofia ist Physiotherapeutin von Beruf. Sie hat eine Ausbildung gemacht.
d Sofia hat zuerst drei Jahre in einer …………… gearbeitet.
e Sofias …………… war sehr gut. Aber nun hat Sofia eine eigene Praxis.
f Herr Koch ist der …………… von Sofia.
g Herr Koch arbeitet seit …………… Jahren als Hausmeister.
h Herr Koch denkt, Lara und Tim sind …………… bei einer Zeitung.

Laras Film

A Ich bin **Physiotherapeutin**.

A1 Wer ist was von Beruf? Ordnen Sie zu.

Hausmeister ~~Physiotherapeutin~~ Arzthelferin

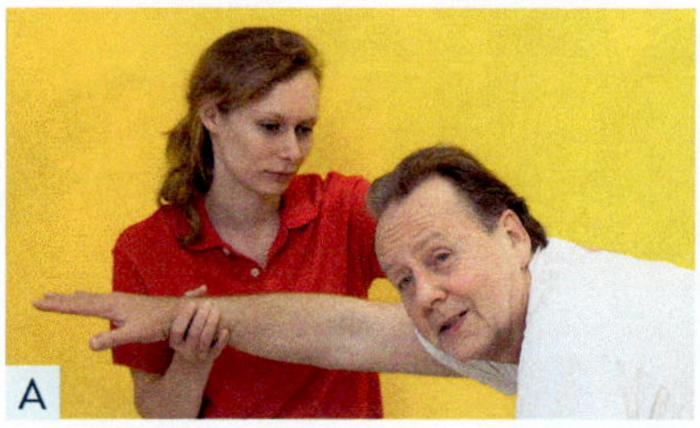

A

Ich bin Physiotherapeutin.

B

Ich bin ____________ von Beruf.

C

Ich arbeite als ____________ bei „TerraMax Immobilien".

Ich arbeite	**als** Hausmeister. **bei** TerraMax.

A2 Berufe

a Ordnen Sie zu und ergänzen Sie die Tabelle.

A

• Ärztin

B

• Mechatroniker

C

• Hausfrau

D

• Polizistin

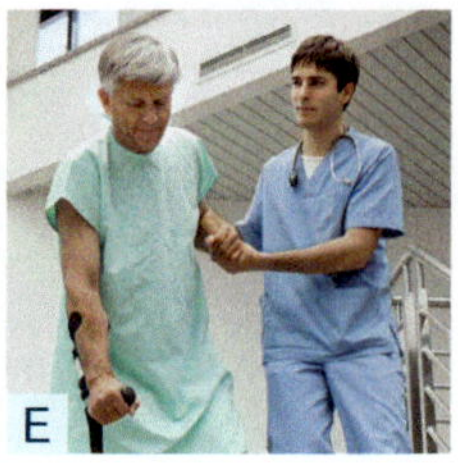

E

• Krankenpfleger

○	• ____________	• Mechatroniker**in**
○	• Polizist	• ____________
Ⓐ	• Arzt	• Ärztin
○	• Haus**mann**	• ____________
○	• ____________	• Krankenpfleger**in**

b Machen Sie mit Ihrer Partnerin / Ihrem Partner eine Liste mit noch fünf Berufen.

Arzthelfer – Arzthelferin

A3 Pantomime: Spielen Sie einen Beruf. Die anderen raten.

◆ Bist du Maurer?
○ Nein.

◆ Bist du Maler?
○ Ja genau.

B Wann hast du die Ausbildung gemacht?

B1 Interview mit Sofia

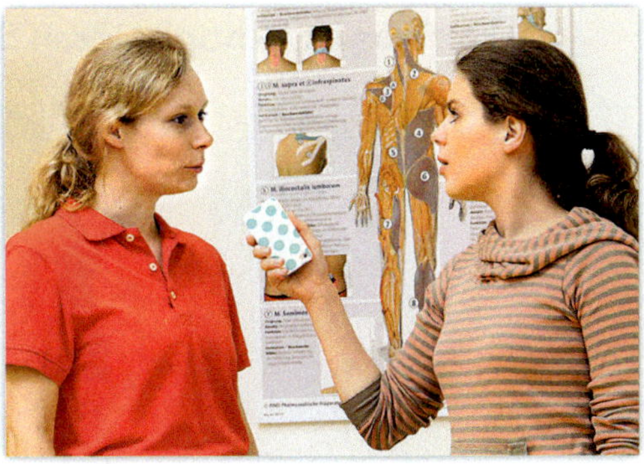

3 ▶ 9 **a** Hören Sie und lesen Sie.

◆ Wann hast du die Ausbildung gemacht?
○ Vor zehn Jahren.
▲ Und wie lange hat die Ausbildung gedauert?
○ Drei Jahre.
▲ Und seit wann bist du schon selbstständig?
○ Meine Praxis habe ich jetzt seit vier Jahren.

b Ergänzen Sie.

Wann hast du die Ausbildung gemacht? __________ zehn Jahren./zwei Monaten.
Wie lange hat die Ausbildung gedauert? Drei Jahre./Zwei Monate.
Seit wann / Wie lange bist du schon selbstständig? __________ vier Jahren./2017.

B2 Interview mit Frau Watenga

3 ▶ 10 **a** Ergänzen Sie *vor* oder *seit*.
Hören Sie dann und vergleichen Sie.

◆ Frau Watenga, was sind Sie von Beruf?
○ Ich bin Krankenpflegerin.
◆ Wann haben Sie die Ausbildung gemacht?
○ __________ einem Jahr.
◆ Und wo arbeiten Sie jetzt?
○ Im Krankenhaus Pasing.
◆ Wie lange arbeiten Sie schon dort?
○ __________ einem Monat.
◆ Und macht die Arbeit Spaß?
○ Ja, sehr. Ich habe sehr nette Kollegen.
Und __________ einer Woche habe ich eine neue Chefin. Sie ist auch sehr nett.

b Markieren Sie in a und ergänzen Sie.

vor seit	● einem	Monat
	● __________	Jahr
	● __________	Woche

B

3 ▶ 11 – 13 **B3 Was ist richtig? Hören Sie und ergänzen Sie.**

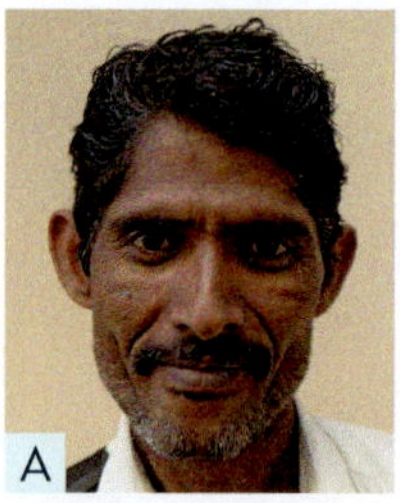

Nader (N)

Luba (L)

Amaniel (A)

1 _N_ ist seit 1999 hier.
2 ____ ist seit 2016 in Deutschland.
3 ____ hat vor zwei Jahren geheiratet.
4 ____ ist Maurer.
5 ____ hat eine Tochter.
6 ____ macht einen Deutschkurs.
7 ____ ist bei einer Firma angestellt.
8 ____ ist gerade arbeitslos.
9 ____ hat gerade keine Stelle als Erzieherin.
10 ____ sucht einen Job als Koch.

Man schreibt:	Man sagt:
1999	19hundert99
2016	2tausend16

B4 Das sind wir!

a Verbinden Sie und schreiben Sie sechs Fragen.

1 Wo — a bist du von Beruf?
2 Wie alt — b lernst du schon Deutsch?
3 Wo — c bist du hier?
4 Seit wann — d bist du geboren?
5 Was — e hast du schon gelebt?
6 Wie lange — f bist du?

1 Wo bist du geboren?

b Fragen Sie Ihre Partnerin / Ihren Partner.

◆ Was bist du von Beruf?
○ Ich arbeite gerade nicht. Ich suche einen Job als Taxifahrerin.

c Schreiben Sie einen Text über Ihre Partnerin / Ihren Partner wie im Beispiel.

Das ist Zola. Sie ist in Ghana geboren und 36 Jahre alt. Sie hat in Accra gelebt und ist jetzt seit einem Jahr in Deutschland. Zola lernt seit sechs Monaten Deutsch. Gerade arbeitet sie nicht. Sie sucht einen Job als Taxifahrerin.

C Hattest du dann deine eigene Praxis?

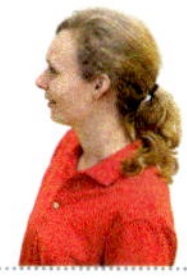

8

C1 Sofia früher und heute

Ordnen Sie zu.

hatte | hat | ist

Vor 4 Jahren
Sie hatte noch keine eigene Praxis.
Sie war angestellt.
Sie .... einen Chef.

Heute
Sie .... eine eigene Praxis.
Sie .... selbstständig.
Sie ist die Chefin.

sie hat → sie **hatte**
sie ist → sie **war**

C2 Annas Blog: Früher und heute

a Annas Job früher und heute. Lesen Sie und ergänzen Sie die Tabelle.

Meine Jobs

Vor einem Jahr habe ich in einem Café gearbeitet. Ich hatte richtig viel Arbeit und oft Stress. Mein Chef war gar nicht nett. Mein Deutsch war schlecht. Ich habe die Kunden manchmal nicht verstanden. Ich glaube, ich war keine gute Kellnerin.

Heute arbeite ich in einem Restaurant. Ich habe nicht so viel Arbeit. Und meine Chefin ist toll! Mein Deutsch ist jetzt sehr gut. Heute bin ich eine super Kellnerin ☺.

	früher	**heute**
viel Arbeit?	viel Arbeit	
Chef/Chefin?		
Deutsch?		
gute Kellnerin?		ja

b Sprechen Sie.

Früher hatte Anna viel Arbeit.
Heute hat sie nicht so viel Arbeit.

ich	war	hatte
du	warst	hattest
er/sie	war	hatte
wir	waren	hatten
ihr	wart	hattet
sie/Sie	waren	hatten

D Stellenanzeigen

D1 Ich suche einen Job.

a Lesen Sie und markieren Sie.

Was haben die Leute früher gemacht? | Was machen sie heute? | Wann können/wollen die Leute arbeiten?

Heute hier, morgen dort!

Hallo, ich bin Marie Kovalská. Ich komme aus Tschechien. Von Beruf bin ich Krankenpflegerin. Ich bin vor drei Jahren nach Hamburg gekommen. Hier habe ich gleich einen Arbeitsplatz als Altenpflegerin gefunden. Leider ist mein Deutsch noch nicht so gut. Ich möchte am Vormittag einen Deutschkurs besuchen und am Nachmittag arbeiten.

A

Mein Name ist Manos Oikonomou. Ich hatte einen Laden für Kleidung in Thessaloniki. Jetzt bin ich schon seit zwei Jahren hier in Hamburg. Zurzeit arbeite ich als Fahrer bei einem Paketdienst. Aber ich möchte unbedingt wieder als Verkäufer arbeiten. Ich habe tagsüber immer Zeit. Am Abend gehe ich dreimal pro Woche in den Deutschkurs.

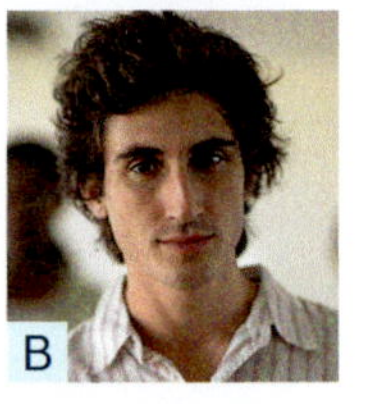
B

Ich heiße Mihaela Pricope und komme aus Rumänien. Ich habe eine Ausbildung als Fremdsprachensekretärin gemacht. Leider hatte ich in der Ausbildung kein Deutsch. Seit Januar mache ich in Hamburg einen Intensivsprachkurs, Montag bis Freitag von neun bis fünfzehn Uhr. Ich suche einen Job am Nachmittag oder am Abend.

C

b Lesen Sie die Anzeigen und markieren Sie die Berufe und die Arbeitszeiten.

1

Ledil Supermärkte

Für unsere Hamburger Geschäfte suchen wir befristet für ein Jahr Verkäufer/-innen in Vollzeit und Teilzeit. Arbeitszeit: montags bis samstags ganztags oder halbtags (vormittags 7–14 Uhr / nachmittags 13–20 Uhr).

2

Seniorenresidenz Isabella

Wir suchen ab sofort Altenpfleger/-innen für 15 Std. pro Woche für nachmittags, 14 bis 17 Uhr. E-Mail: seniorenresidenz-isabella@pflegedienste.de

3

Aushilfen dringend gesucht

Für das Café Bistro Classico suchen wir von 16 bis 21 Uhr Aushilfen in der Küche auf 450-Euro-Basis, Mo–Sa.

Tel.: 78 65 44 08

jeden Vormittag = vormittags
auch so: morgens, mittags, abends ...

Jeden Montag = montags
auch so: dienstags, mittwochs ...

c Welche Anzeige aus b passt zu welcher Person aus a? Ordnen Sie zu.

◯ Frau Kovalská ◯ Herr Oikonomou ◯ Frau Pricope

3 ▶ 14 **D2** **Eine Stellenanzeige**

Lesen Sie die Anzeige und hören Sie dann das Telefongespräch. Was ist richtig? Kreuzen Sie an.

a ○ Die Arbeitszeit ist von Montag bis Samstag von 8 Uhr bis 11 Uhr.
b ○ Das Café Rudolf zahlt 12 Euro pro Stunde.
c ○ Herr Bechtold kommt am Donnerstag um 10 Uhr ins Café.

Café Rudolf
Wir suchen eine Aushilfe im Service für vormittags. Arbeitsbeginn sofort. Bewerbungen bitte an *Rudolf Brot GmbH*, Rathausplatz 5, 27721 Ritterhude.
Telefonische Nachfragen unter 0 42 92 / 65 48 82 32.

D3 **Lesen Sie die Anzeige und spielen Sie ein Gespräch.**

Fibio – Supermarkt
Aushilfe gesucht | samstagvormittags | Tel.: 0177/8 84 53 36

◆ ..., guten Tag.
○ Guten Tag, mein Name ist ... Ich habe Ihre Stellenanzeige gelesen. Sie suchen eine ... Ist die Stelle noch frei?
◆ Ja.
○ Gut. Und wie ist die Arbeitszeit?
◆ Von ... Uhr bis ... Uhr.
○ Aha. Das passt. Und wie ist der Verdienst pro Stunde?
◆ Wir zahlen ... pro Stunde.
○ Gut.
◆ Dann kommen Sie doch mal vorbei. Haben Sie am ... um ... Uhr Zeit?
○ Ja, da kann ich.
◆ Gut, dann bis ... Auf Wiederhören.
○ Vielen Dank. Auf Wiederhören.

D4 **Sie suchen eine Stelle. Schreiben Sie eine Anzeige.**

Suche Arbeit als Krankenpfleger für einen Tag in der Woche am Abend.
Tel.: 0471/64583

Für wie lange?	
für	• einen Tag
	• ein Jahr
	• eine Stunde am Tag
	• zwei Wochen

1 Nomen: Wortbildung ÜG 11.01

	-in
• der Mechatroniker	• die Mechatronikerin ⚠ • die Mechatronikerinnen
• der Arzt • der Krankenpfleger	• die Ärztin • die Krankenpflegerin
⚠ • der Hausmann	• die Hausfrau

Ergänzen Sie.

Er ist ______________ von Beruf.

Sie ist ______________ von Beruf.

2 Lokale Präposition: *bei*, modale Präposition: *als* ÜG 6.03

Wo arbeiten Sie?	
Ich arbeite	als Hausmeister. bei TerraMax.

Und Sie? Was sind Sie von Beruf?
Wo arbeiten Sie? Schreiben Sie.

Ich arbeite ...

3 Temporale Präpositionen: *vor*, *seit* + Dativ ÜG 6.01

		Singular			Plural	
Wann?						
Ich habe	vor	• einem Monat	• einem Jahr	• einer Woche	• zehn Jahren	die Ausbildung gemacht.
Seit wann? / Wie lange?						
Ich bin	seit	• einem Monat	• einem Jahr	• einer Woche	• vier Jahren	selbstständig.

4 Temporale Präposition: *für* + Akkusativ ÜG 6.01

		Singular			Plural	
Für wie lange?						
Ich suche	für	• einen Tag	• ein Jahr	• eine Stunde	• zwei Wochen	eine Arbeit.

Sie haben fünf Wünsche frei!
Schreiben Sie.

Ich möchte gern
für einen Tag ...

5 Präteritum: *sein* und *haben* ÜG 5.06

	sein		haben	
	Präsens	Präteritum	Präsens	Präteritum
ich	bin	war	habe	hatte
du	bist	warst	hast	hattest
er/sie	ist	war	hat	hatte
wir	sind	waren	haben	hatten
ihr	seid	wart	habt	hattet
sie/Sie	sind	waren	haben	hatten

Früher und heute. Schreiben Sie drei Sätze über sich.

Früher war/hatte ich ...
Heute bin/habe ich ...

Über den Beruf sprechen: Was sind Sie von Beruf?	
Was sind Sie / bist du von Beruf?	Ich bin ... (von Beruf). | Ich arbeite als ... bei ... | Ich habe (k)eine Stelle als ... | Ich bin angestellt./selbstständig. Ich arbeite gerade nicht. | Ich bin gerade arbeitslos.

Über Privates sprechen: Wo bist du geboren?	
Wo bist du geboren?	In ...
Wo hast du schon gelebt?	In ... und in ...
Wie lange lernst du schon Deutsch?	Zwei Jahre.

Über Berufserfahrungen sprechen: Ich hatte viel Arbeit.
Ich war Verkäufer(in)./Polizist(in)./Arzt/Ärztin./ ... Ich hatte (nicht so) viel Arbeit. / viel/keinen Spaß. Ich habe eine Ausbildung gemacht. Der Chef war / Die Kollegen waren (nicht) nett.

Am Telefon nach einer Stelle fragen: Ist die Stelle noch frei?	
Guten Tag, mein Name ist ... Ich habe Ihre Stellenanzeige gelesen. Sie suchen eine(n) ... Ist die Stelle noch frei?	
Wie ist die Arbeitszeit?	Von ... Uhr bis ... Uhr.
Wie ist der Verdienst pro Stunde?	Wir zahlen ... pro Stunde.
Dann kommen Sie doch mal vorbei. Haben Sie am ... um ... Uhr Zeit?	

Schreiben Sie über die Berufe von drei Freundinnen/Freunden.

Meine Freundin Tina ist Köchin, aber sie arbeitet gerade nicht. Sie hat ein Kind. Mein Freund ...

Ihr Leben. Schreiben Sie.

Ich bin 1988 in Madrid geboren und habe auch 20 Jahre dort gelebt. Vor ...

Sie möchten noch mehr üben?

3 | 15 – 17 AUDIO-TRAINING

VIDEO-TRAINING

FILM

Heidis Lieblingsladen

1 Kenans Arbeitstag. Sehen Sie den Film an und ordnen Sie.

Das ist Kenan Cinar. Er hat einen Obst- und Gemüseladen. Wie ist sein Arbeitstag?

- ◯ Laden öffnen
- ◯ Laden schließen
- ◯ Kunden kommen
- ◯ zu seinem Laden fahren und alles vorbereiten
- (2) in die Großmarkthalle fahren
- ◯ Obst und Gemüse kaufen
- (1) früh aufstehen
- ◯ aufräumen und sauber machen

2 Wie ist Ihr Arbeitstag? Machen Sie Fotos und erzählen Sie.

COMIC

Der kleine Mann: Was sind Sie von Beruf?

Lesen Sie den Comic. Machen Sie dann ein Rätsel wie im Comic.

Ich stehe den ganzen Tag. Ich habe viele Kunden. Ich verkaufe Obst und Gemüse.

Du bist Verkäuferin.

LESEN

VON BERUF ERZIEHERIN

Liebe plus Zeit

Luisa, du bist Erzieherin und arbeitest im Kindergarten. Was macht ihr denn da? Erzähl doch mal!

Ach, das ist so viel! Wir spielen mit den Kindern, wir singen und tanzen zusammen, wir machen Musik und Sport, wir basteln und malen, wir kochen und essen zusammen und so weiter. Und wir schauen bei jedem Kind: Was macht es? Wie geht es ihm? Was kann es schon? Gibt es Probleme?

Warum brauchen wir eigentlich Erzieherinnen und Erzieher? Können die Eltern ihre Kinder denn nicht selbst erziehen?

Wir wissen alle: Erziehung ist Liebe plus Zeit. Alle Väter und Mütter lieben ihre Kinder. Aber oft arbeiten beide Eltern und haben nur am Abend und am Wochenende Zeit für ihre Kinder.

Aber manchmal sind auch Vater oder Mutter zu Hause.

Ja, das stimmt. Aber der Kindergarten ist für alle Kinder gut. Sie spielen und lernen dort zusammen. Besonders wichtig ist das für Kinder aus Migrantenfamilien: Im Kindergarten lernen sie schnell Deutsch.

1 Was macht Luisa mit den Kindern im Kindergarten?
Lesen Sie den Text und markieren Sie.

2 Lesen Sie den Text noch einmal. Richtig oder falsch? Kreuzen Sie an.

		richtig	falsch
a	Luisa ist Erzieherin und arbeitet in einem Kindergarten.	☒	○
b	In dem Kindergarten können die Kinder nicht essen.	○	○
c	Viele Eltern haben am Wochenende keine Zeit für ihre Kinder.	○	○
d	Kinder aus Migrantenfamilien können im Kindergarten schnell Deutsch lernen.	○	○

Ämter und Behörden

Folge 9: Na los, komm mit!

1 Haben Sie einen Führerschein? Erzählen Sie.

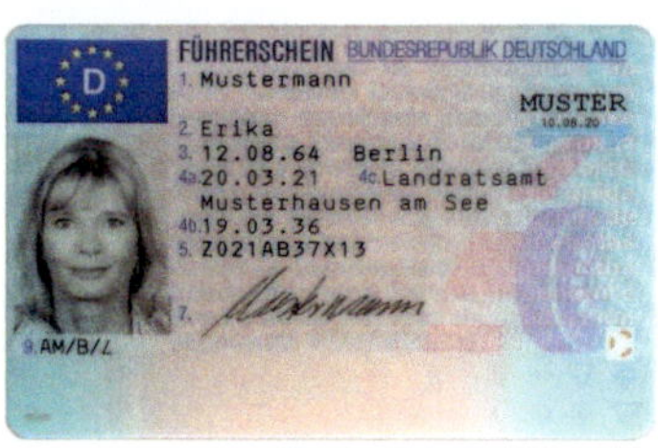

Ich habe seit fünf Jahren einen Führerschein.

2 Sehen Sie die Fotos an. Wo sind Lara und Tim wann? Ordnen Sie die Sätze.

- ◯ Sie sind am Zentralen Omnibusbahnhof. Sie wollen ein Busticket kaufen.
- ① Sie sind auf einem Amt. Sie wollen wissen: Ist der Führerschein gültig?
- ◯ Sie sind bei einer Autovermietung. Sie wollen ein Auto mieten.

3 ▶ 18 – 25

3 Hören Sie und vergleichen Sie.

3 ▶ 18 – 25 **4 Hören Sie noch einmal. Richtig oder falsch? Kreuzen Sie an.**

		richtig	falsch
Foto 1	Tim möchte ein Auto mieten und nach Polen fahren.	○	☒
Foto 2	Mit einem ausländischen Führerschein kann man acht Monate in Deutschland fahren.	○	○
Foto 3	Tim hat einen internationalen Führerschein.	○	○
Foto 4	Lara kommt aus der EU (= Europäische Union). Sie braucht keinen internationalen Führerschein.	○	○
Foto 5	Lara möchte ein Auto mieten.	○	○
Foto 6	Lara bekommt kein Auto. Sie ist zu jung, sie ist 21 Jahre alt.	○	○
Foto 7	Tim und Lara können den Bus nehmen. Die Fahrt dauert nur zwei Stunden.	○	○
Foto 8	Sie kaufen Fahrkarten im ZOB, im Zentralen Omnibusbahnhof.	○	○

Laras und Tims Film

A Sie **müssen** einen Antrag **ausfüllen**.

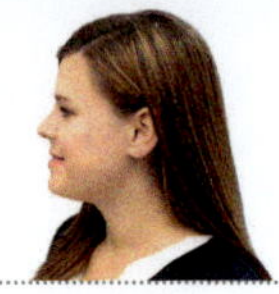

A1 Tim braucht den internationalen Führerschein.

a Ordnen Sie zu.

1 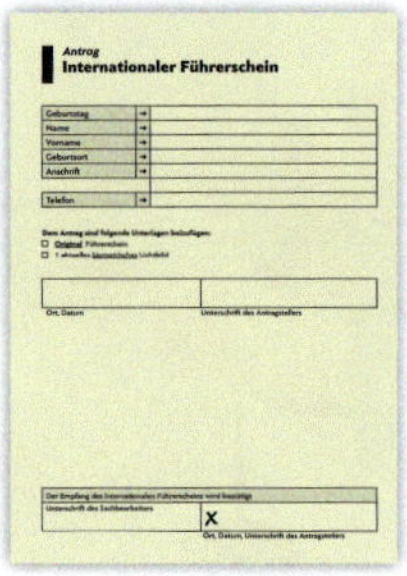

2 

◯ Er muss einen Antrag ausfüllen.
◯ Er muss den Ausweis, den Führerschein und ein Foto mitbringen.

Er **muss** einen Antrag **ausfüllen**.

3 ▶ 26 **b** Bei der Führerscheinstelle. Hören Sie und variieren Sie.

◆ Guten Tag. Ich brauche den internationalen Führerschein. Was muss ich da machen?
○ Sie müssen einen Antrag ausfüllen.

Varianten:

viele Papiere mitbringen | den Antrag unterschreiben | 15 Euro bar bezahlen

	müssen
ich	**muss**
du	**musst**
er/sie	**muss**
wir	müssen
ihr	müsst
sie/Sie	müssen

3 ▶ 27 ## A2 Eine Fahrkarte kaufen

a Was ist richtig? Hören Sie und umkreisen Sie.

1 Der Fahrkartenautomat funktioniert nicht. | funktioniert.
2 Der Mann bekommt eine | keine Fahrkarte.

b Hören Sie noch einmal und ordnen Sie.

◯ bezahlen
◯ Erwachsener/Kind auswählen
(1) das Ziel wählen
◯ die Fahrkarte und das Wechselgeld nehmen
◯ die Fahrkarte stempeln

c Sprechen Sie.

Zuerst muss man das Ziel wählen. ...
Danach ... und dann ... Dann ... Zum Schluss ...

man = alle/jede Person

A3 Was müssen Sie heute noch machen? Notieren Sie und erzählen Sie.

– Tochter abholen
– einkaufen
– kochen

Zuerst muss ich meine Tochter abholen.
Danach muss ich noch einkaufen ...

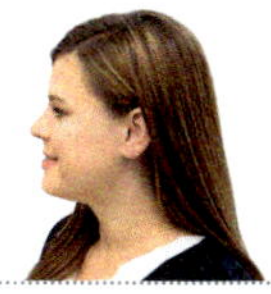

3 ▶ 28 B1 Was ist richtig? Hören Sie und umkreisen Sie.

a Tim Lara darf im Moment nicht in Deutschland Auto fahren.
b Er Sie hat keinen internationalen Führerschein.
c Tim Lara muss einen internationalen Führerschein beantragen.
d Er Sie muss einen Antrag ausfüllen.
e Tim Lara darf in der EU Auto fahren.

	dürfen
ich	**darf**
du	**darfst**
er/sie/man	**darf**
wir	dürfen
ihr	dürft
sie/Sie	dürfen

B2 Spielen Sie Gespräche mit Ihrer Partnerin / Ihrem Partner.

A

B

C

D

A: du / das Handy ausmachen / nicht telefonieren

B: ihr / die Zigaretten ausmachen / nicht rauchen

C: wir / einen neuen Parkplatz suchen / nicht parken

D: du / langsam fahren / nur 100 fahren

◆ Achtung! Du musst das Handy ausmachen.
○ Warum denn?
◆ Hier darf man nicht telefonieren. Das ist nicht erlaubt.

> Hier **darf** man nicht **telefonieren**.

B3 Ordnen Sie zu und schreiben Sie.

~~a essen~~ b rauchen c telefonieren d fotografieren e Fahrrad fahren f Hunde mitnehmen

Das ist verboten:

a Hier darf man nicht essen.
b ……………
c ……………
d ……………
e ……………
f ……………

C Sieh mal!

C1 Komm mit!

3 ▶ 29 **a** Hören Sie und ordnen Sie zu.

Bring | Geh | ~~sieh~~ | komm | warte

◆ Du, sieh ______ mal! Da vorne ist eine Autovermietung. Da gehen wir jetzt hin und fragen. Na los, ______ mit!

○ Ja, gleich. ______ du schon! Ich will noch schnell in den Laden da. Ich habe so einen Hunger.

◆ Okay. Tim, ______ mal! ______ ein Wasser für mich mit!

b Ergänzen Sie.

1 du kommst → Komm mit!
2 du gehst → ______ du schon!
3 du wartest → ______ mal!
4 du bringst → ______ ein Wasser mit!

du kommst → Komm mit!

Bring ein Wasser mit!

c Was soll Tim alles machen? Was sagt Lara? Schreiben Sie.

zu Walter fahren | die Hausaufgaben machen | einen Kaffee mitnehmen | leise sein | Lili die Matheübung erklären

Fahr zu Walter und ...

du fährst → Fahr!
⚠ du bist ... → Sei leise!

C2 Probleme und Ratschläge

a Ordnen Sie zu.

Probleme

1 Durst haben
2 Hunger haben
3 kalt sein
4 warm sein
5 nicht gut schreiben können
6 den internationalen Führerschein brauchen

Ratschläge

○ Fenster zumachen
○ Schreibübungen machen
○ Fenster aufmachen
1 Wasser trinken
○ zum Amt gehen
○ ein Brot essen

b Sprechen Sie zu zweit.

Ich habe Durst.

Trink doch Wasser!

C3 In der Klasse

3 ▶ 30 **a** Was sagt der Lehrer? Hören Sie und kreuzen Sie an.

- ○ Seid bitte nicht so laut!
- ○ Macht doch die Handys aus!
- ○ Schließt bitte die Bücher!
- ○ Öffnet bitte die Bücher!
- ○ Hört doch bitte zu!
- ○ Lest bitte den Text!
- ○ Steht bitte nicht auf!

ihr hört zu	→	Hört zu!
⚠ ihr seid	→	Seid nicht so laut!

Hört zu!
Hört bitte zu!
Hört doch (bitte) zu!

b Arbeiten Sie zu dritt. Was sollen die Partner machen? Sprechen Sie.

aufstehen | leise sein | die Handys ausmachen | das Buch aufmachen | das Buch zumachen | den Text lesen | einen Satz schreiben | das Fenster aufmachen | das Fenster zumachen | ...

C4 In der Sprachenschule

Was muss man machen? Lesen Sie und ergänzen Sie die Tabelle.

Anmeldung zum Sprachunterricht
Bringen Sie bitte Ihren Pass zur Anmeldung mit. Warten Sie bitte im Wartebereich. Bezahlen Sie die Kursgebühren an der Kasse im 1. Stock. Seien Sie bitte leise. Die anderen haben Unterricht.

Sie bringen ... mit	→	Bringen Sie bitte ... mit !
Sie warten	→	.... !
Sie bezahlen	→	.... !
⚠ Sie sind leise	→	.... bitte leise!

C5 Regeln einmal anders

Schreiben Sie mit Ihrer Partnerin / Ihrem Partner drei Regeln für die Kursleiterin / den Kursleiter.

keine Hausaufgaben geben | viele Pausen machen | Bonbons mitbringen | das Buch nicht vergessen | viel lachen | viel sprechen | ...

Geben Sie keine Hausaufgaben!
Machen Sie viele Pausen!

D Auf dem Amt

D1 Sehen Sie das Formular an. Richtig oder falsch? Kreuzen Sie an.

		richtig	falsch
a	Giorgio Greco wohnt jetzt in Köln.	☒	○
b	Er hat in Berlin gewohnt.	○	○
c	Die neue Adresse ist Friedrichstraße 209.	○	○
d	Herr Greco wohnt allein.	○	○
e	Er ist ledig.	○	○
f	Herr und Frau Greco kommen aus Italien.	○	○
g	Frau Greco ist 1990 in Florenz geboren.	○	○

Anmeldung bei der Meldebehörde

Neue Wohnung (Adresse): Deutzstraße 56, 50679 Köln

Bisherige Wohnung (Adresse): Friedrichstraße 209, 10117 Berlin

Die Anmeldung gilt für folgende Personen:

Familienname	Greco	Familienname	Greco
Geburtsname	-	Geburtsname	Romano
Vorname	Giorgio	Vorname	Nicoletta
Geschlecht	☒ m ○ w	Geschlecht	○ m ☒ w
Familienstand	verheiratet	Familienstand	verheiratet
Geburtsdatum	30.10.1992	Geburtsdatum	21.09.1990
Geburtsort	Florenz, Italien	Geburtsort	Messina, Italien
Staatsangehörigkeit	italienisch	Staatsangehörigkeit	italienisch

Köln, 22.03. 20..
Ort, Datum

Giorgio Greco
Unterschrift

Nicoletta Greco
Unterschrift

3 ▶ 31 **D2 Giorgio Greco auf dem Amt**

a Hören Sie das Gespräch und verbinden Sie.

1	bisherige Wohnung	a	ledig, verheiratet, getrennt lebend, geschieden
2	Geschlecht	b	die Familie
3	Familienstand	c	die Adresse früher
4	Angehörige	d	Mann oder Frau / männlich oder weiblich

b Was sagt Herr Greco? Hören Sie das Gespräch noch einmal und umkreisen Sie.

Darf ich Sie etwas fragen? | Was bedeutet „bisherige Wohnung“? | Können Sie das bitte wiederholen? | Was heißt „Geschlecht“? | Noch einmal, bitte. | Das habe ich nicht verstanden. | Können Sie das bitte erklären?

D3 Ein Gespräch auf dem Amt

Spielen Sie ein Gespräch mit Ihrer Partnerin / Ihrem Partner.

Partner A	Partner B
Sie sind auf dem Amt und füllen ein Formular aus. Sie verstehen einige Wörter nicht. Sie fragen nach.	Sie arbeiten auf dem Amt. Sie helfen und erklären die Wörter.

ich	helfe
du	hilfst
er/sie/man	hilft

◆ Können Sie mir helfen?
○ Ja, natürlich. Ich helfe gern.
◆ Was bedeutet „bisherige Wohnung“?
○ Das ist die Adresse früher.
◆ Ach so. Vielen Dank. Und was heißt „Geschlecht“?
○ „m“ bedeutet ... und „w“ bedeutet ...
◆ Ah ja. Gut. Danke. Und ich verstehe „Familienstand“ nicht. Können Sie das bitte erklären?
○ Sind Sie verheiratet oder ... oder ...?
◆ Wie bitte? Können Sie das bitte wiederholen?
○ ...
◆ Vielen Dank! Und was bedeutet „Angehörige“? Das habe ich auch nicht verstanden.
○ Das ist die Familie.
◆ Vielen Dank!

1 Modalverben: *müssen* und *dürfen* ÜG 5.11

	müssen	dürfen
ich	**muss**	**darf**
du	musst	darfst
er/sie/man	**muss**	**darf**
wir	müssen	dürfen
ihr	müsst	dürft
sie/Sie	müssen	dürfen

Hier darf man nicht essen.

Hier darf man rauchen.

Hier muss man leise sein.

2 Modalverb im Satz ÜG 10.02

	Position 2		Ende
Er	muss	einen Antrag	ausfüllen.
Hier	darf	man nicht	telefonieren.

Wer muss/darf was machen? Schreiben Sie.

Mein Mann muss immer das Bad putzen. ...

3 Pronomen: *man* ÜG 3.01

man = alle / jede Person

4 Imperativ ÜG 5.19

		⚠	⚠
(du)	Komm mit! Sieh mal!	Fahr!	Sei leise!
(ihr)	Hört zu!		Seid nicht so laut!
(Sie)	Warten Sie bitte!		Seien Sie bitte leise!

Bring ein Wasser mit!

~~du~~ sieh~~st~~ → Sieh!
~~ihr~~ seht → Seht!

⚠ du schläfst → Schlaf!

Sie sehen → Sehen Sie!

5 Verb: Konjugation ÜG 5.01

	helfen
ich	helfe
du	hilfst
er/sie/man	hilft
wir	helfen
ihr	helft
sie/Sie	helfen

Nachfragen: Wie bitte?
Darf ich Sie etwas fragen?
Können Sie mir helfen?
Ich verstehe ... nicht.
Das habe ich nicht verstanden.
Was bedeutet ...?
Was heißt ...?
Können Sie das bitte erklären?
Können Sie das bitte wiederholen?
Wie bitte?
Noch einmal, bitte.

Eine Aussage gliedern: Zuerst ...
Zuerst muss man ...
Danach ... und dann ...
Dann ...
Zum Schluss ...

Was haben Sie heute im Deutschkurs gemacht? Schreiben Sie.

Zuerst ... Dann ... Danach ... Zum Schluss ...

Etwas verbieten: Das ist verboten.
Das ist nicht erlaubt.
Das ist verboten.

Eine Anweisung geben: Sie müssen ...
Was muss ich da machen?
Sie müssen ...
Zuerst müssen Sie ...
Dann muss man ...

Sie möchten noch mehr üben?

3 | 32–34 AUDIO-TRAINING

VIDEO-TRAINING

LESEN

Viel „müssen“ – wenig „dürfen“

Wie ist das bei Ihnen? Müssen Sie auch so viel und dürfen Sie auch so wenig? Ich muss von Montag bis Freitag jeden Morgen um sechs Uhr aufstehen. Ich muss schnell frühstücken. Dann nehme ich den Bus um Viertel vor sieben. Um halb acht muss ich im Büro sein. Ich arbeite bis zwölf. Dann darf ich eine halbe Stunde Mittagspause machen. Von halb eins bis vier arbeite ich wieder. Dann muss ich den Bus um fünf nach vier nehmen. Auf dem Heimweg gehe ich noch schnell einkaufen, dann muss ich kochen und die Wohnung ein bisschen sauber machen. Um acht Uhr darf ich endlich entspannen. Um elf Uhr gehe ich dann aber schon wieder ins Bett. Ich muss einfach meine sieben Stunden Schlaf haben. Na, zum Glück gibt es die Wochenenden. Da muss ich nicht so viel und darf mehr. Juhu!

Lesen Sie den Text und ergänzen Sie den Terminkalender von Jasmin.

Uhrzeit:	Das mache ich:
06:00 Uhr	aufstehen und frühstücken
06:45 Uhr	
07:30 Uhr	Büro
07:30 – 12:00 Uhr	
12:00 – 12:30 Uhr	
	Arbeitsende
16:05 Uhr	
	entspannen → 
23:00 Uhr	

SCHREIBEN

Ihr Tag: Was müssen Sie machen? Was dürfen Sie machen?
Machen Sie Notizen und schreiben Sie einen Text über sich.

6:00 aufstehen
6:30 Frühstück machen
7:30 die Kinder in die Schule bringen

Mein Tag:
Ich muss um sechs aufstehen. Um halb sieben muss ich Frühstück machen und um halb acht muss ich die Kinder in die Schule bringen ...

COMIC

Der kleine Mann: Lachen Sie!

Geben Sie Ihrer Partnerin / Ihrem Partner drei Anweisungen.
Sie/Er führt die Anweisungen aus. Tauschen Sie dann die Rollen.

• ein Wort schreiben | • ein Lied singen | aufstehen | pfeifen | • ein Bild malen | ...

Schreib ein Wort!

Gesundheit und Krankheit

Folge 10: Unsere Augen sind so blau.

1 Sehen Sie die Fotos an und zeigen Sie.

● der Klub ● die Notaufnahme ● der Arzt ● der Wartebereich ● die Schmerztablette

3 ▶ 35–42 **2 Was meinen Sie? Wer sagt was? Kreuzen Sie an.**
Hören Sie dann und vergleichen Sie.

	Lara	Laras Freundin Ioanna	der Arzt
a Mein Auge tut so weh.		X	
b Wir gehen doch besser zum Arzt.			
c Meine Freundin hatte leider einen kleinen Unfall.			
d Na, wo haben Sie denn die Schmerzen?			
e Ich soll das Auge kühlen. 			

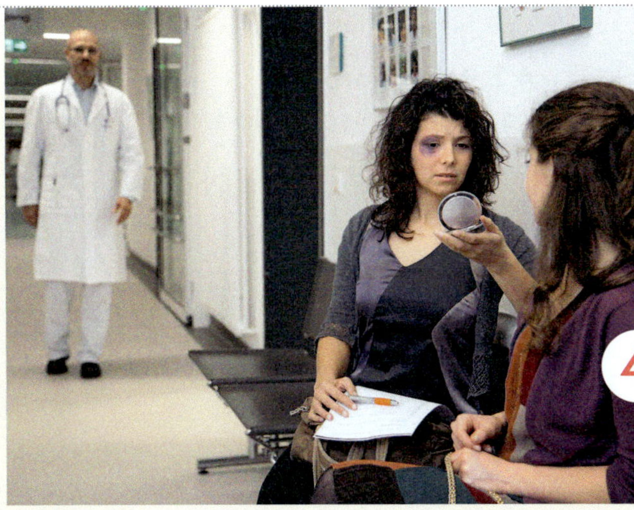

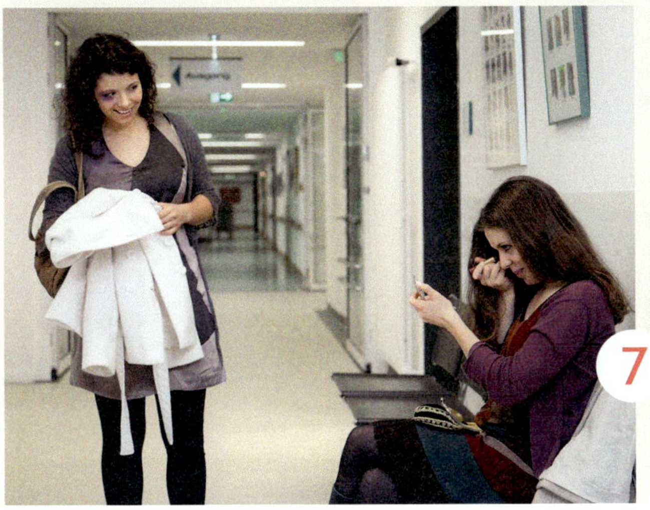

3 ▶ 35–42 **3 Hören Sie noch einmal und ordnen Sie die Sätze.**

- ◯ Die Mädchen gehen ins Krankenhaus.
- ① Ioanna und Lara haben im Klub getanzt.
- ◯ Ioanna hat einen Unfall. Das Auge ist blau. Sie hat Schmerzen.
- ◯ Der Arzt sagt: „Sie haben ein blaues Auge, das ist schon alles."
- ◯ Ioanna füllt ein Formular aus.
- ◯ Lara hat auch ein blaues Auge.
- ◯ Der Arzt gibt Ioanna Schmerztabletten.
- ◯ Die beiden Mädchen sind lustig und singen: „Unsere Augen sind so blau."

4 Wie finden Sie Laras Idee? Sprechen Sie.

Das finde ich …

Laras Film

A Ihr Auge tut weh!

A1 Mein Körper

a Sehen Sie das Bild an und ordnen Sie zu.

● das Bein ● das Ohr ● der Arm ● der Finger ● der Kopf ~~● die Nase~~ ● der Mund

1 ● das Auge

2 ....

3 ....

4 ● der Hals

5 ● die Brust

6 ....

7 ....

8 ● die Hand

9 ● der Rücken

10 ● der Bauch

11 ....

12 ● der Fuß

13 ● die Nase

14 ● die Haare

15 ....

b Was sagt Lara? Schreiben Sie.

1 

Mein Kopf tut weh!

2 

....

3 

....

4 

....

5 

....

6 

....

A2 Gute Besserung!

a Was tut weh? Markieren Sie.

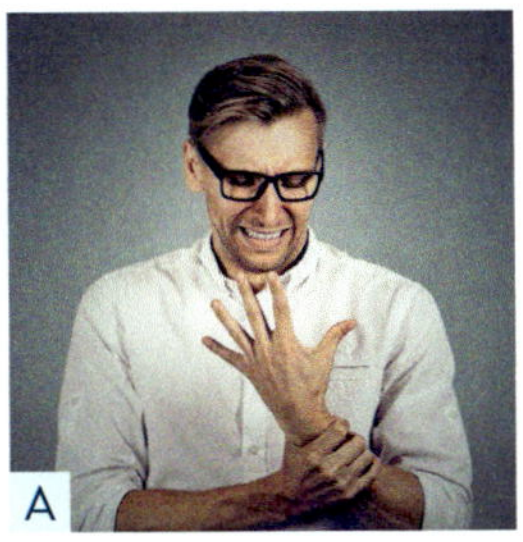

Simon

Seine Hand tut weh.
Und sein Bein auch.

Milena

Ihre Ohren tun weh.
Und ihr Kopf auch.

b Ergänzen Sie die Tabelle.

♂	♀
● sein Kopf	● .... Kopf
● .... Bein	● ihr Bein
● seine Hand	● ihre Hand
● seine Ohren	● .... Ohren

Simon	seine	Hand
Milena	ihre	Ohren

A3 Was tut den Personen weh? Ergänzen Sie.

A 

ihr Rücken

B 

....

C 

....

D 

....

E 

....

F 

....

A4 Beschreiben Sie die Figuren.

A 

Irene

B 

Hans

C 

Peter

D 

Marta

Das ist Irene. Ihr Gesicht ist schmal. Ihre Ohren sind sehr groß. ...

B Unsere Augen sind so blau.

B1 Lesen Sie die Nachrichten.

a Worum geht es? Kreuzen Sie an.

○ den Abend im Klub – ein Lied – die Freunde und ihre Kinder
○ den Abend im Klub – die Augen – den Arzt – die Familie

Tim:	Wie war euer Abend gestern im Klub?
Lara:	Unser Abend war super ! Wir waren nicht nur im Klub ...
Ioanna:	... wir waren auch im Krankenhaus.
Tim:	
Lara:	Jetzt ist alles gut! Und das ist jetzt unser Lied: „Unsere Augen sind so blau."
Tim:	Was?
Ioanna:	Das erzählen wir später. Ich muss jetzt zu Luisa und Tom – ihre Kinder sind krank! Und ich helfe ein bisschen.
Tim:	Alles klar!

b Markieren Sie *unser-*, *eu(e)r-*, *ihr-* in a und ergänzen Sie.

wir	ihr	sie	
• ________	• euer	• ihr	Abend
• ________	• euer	• ihr	Lied
• unsere	• eure ⚠	• ihre	Freundin
• ________	• eure ⚠	• ________	Augen/Kinder

3 ▶ 43–45 **B2 Hören Sie die Sprachnachrichten.**

a Wer spricht? Umkreisen Sie.

Nachricht 1: eine Freundin | die Ehefrau
Nachricht 2: eine Freundin | eine Kollegin
Nachricht 3: ein Kollege | ein Freund

b Hören Sie noch einmal und ergänzen Sie.

Nachricht 1: Jan und Julia sind beide krank. ________ Ohren tun sehr weh!
Nachricht 2: Wie war ________ Termin mit Frau Pfeiffer?
Nachricht 3: ________ Hund ist krank.

B3 Wer hat auch ...? Finden Sie Paare im Kurs und notieren Sie. Erzählen Sie dann.

Marisa/ich:
Haare – lang
Massoud/ich:
Augen – braun

Marisa und ich:
Unsere Haare sind lang.
Massoud und ich:
Unsere Augen sind braun.

C Ich **soll** Schmerztabletten **nehmen**.

C1 Was sagt Ioanna? Schreiben Sie.

~~Schmerztabletten nehmen~~ | gleich ins Bett gehen | ein paar Schritte gehen | bei Problemen wieder ins Krankenhaus kommen | das Auge kühlen

Ich soll Schmerztabletten nehmen. Ich soll gleich …

Der Doktor sagt: Ich **soll** Schmerztabletten **nehmen**.

3 ▶ 46 C2 Hören und variieren Sie.

- Muss ich wirklich das Medikament nehmen?
- Ja, natürlich. Der Arzt hat doch gesagt, Sie sollen zwei Tabletten nehmen!
- Was? Ich soll zwei Tabletten nehmen?
- Genau!

Varianten:

alles trinken – viel Tee trinken | im Bett bleiben – nicht aufstehen | ruhig sein – nicht so viel sprechen

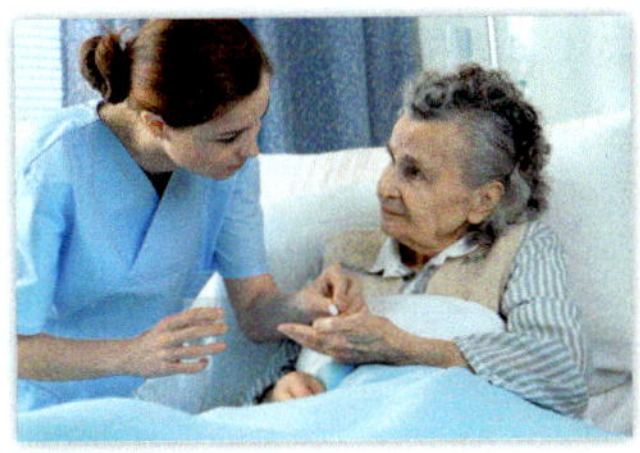

	sollen
ich	soll
du	sollst
er/sie	soll
wir	sollen
ihr	sollt
sie/Sie	sollen

C3 Gesundheitstipps

a Schreiben Sie vier Sätze.

meine Freundin mein Kollege mein … meine … die Kinder	Fieber Halsschmerzen Schnupfen Husten

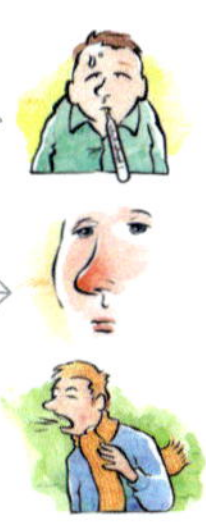

Meine Freundin hat Halsschmerzen. Mein Kollege …

b Sprechen Sie mit Ihrer Partnerin / Ihrem Partner. Geben Sie Gesundheitstipps.

viel trinken | Hals warm halten | spazieren gehen | Salbe verwenden | …

Meine Freundin hat Halsschmerzen.

Oje! Sie soll den Hals warm halten.

D Krankschreibung

3 ▶ 47 **D1 Krankmeldung am Telefon**

Hören Sie das Gespräch. Was ist richtig? Kreuzen Sie an.

a ◯ Hakim ruft Gabi an.
b ◯ Gabi ist krank. Sie kann nicht in die Firma kommen.
c ◯ Gabi kann bis Freitag nicht zur Arbeit gehen.
d ◯ Gabi sagt: „Gute Besserung."
e ◯ Hakim schickt Gabi eine E-Mail.

D2 Lesen Sie den Brief und ordnen Sie zu.

1 • der Absender ◯ • die Anrede ◯ • der Betreff = der Inhalt ◯ • das Datum
◯ • der Empfänger ◯ • der Gruß ◯ • die Hausnummer ◯ • der Ort
◯ • die Postleitzahl ◯ • die Straße ◯ • die Unterschrift

Gabi Döllner • Waldstraße 17 • 50859 Köln (1)

Botel GmbH
Frau Luise Laschinger
Personalstelle } (2)
(3) Goethestraße 4 (4)
(5) 50859 Köln

(6) **Krankschreibung** (7) Köln, 23. Mai 20.. (8)

(9) Sehr geehrte Frau Laschinger,

leider kann ich bis Freitag nicht in die Firma kommen. Ich habe eine Erkältung. Informieren Sie bitte auch Herrn Mehring.

(10) Mit freundlichen Grüßen
(11) Gabi Döllner

D3 Einen Brief schreiben

Schreiben Sie einen Brief an Ihre Firma: Ihr Kind hat eine Erkältung. Sie können nicht zur Arbeit kommen.

E Anruf beim Arzt

3 ▶ 48 **E1 Hören Sie das Gespräch. Was ist richtig? Umkreisen Sie.**

a Wo ruft der Mann an?
in der Praxis | in der Apotheke | im Krankenhaus

b Was möchte der Mann?
eine Krankschreibung | einen Termin bekommen | sich informieren

3 ▶ 48 **E2 Hören Sie noch einmal und ordnen Sie zu.**

heute | sofort | ~~Gleich~~ | gleich

◆ Praxis Doktor Hellmann, guten Tag.

○ Guten Morgen, hier Kuhn. Könnte ich bitte einen Termin haben?

◆ Wann haben Sie denn Zeit? Morgen haben wir am Nachmittag einen Termin frei.

○ Ich möchte bitte .... kommen. Es ist dringend!

◆ Ach so, es ist ein Notfall.

○ Ja, ich hatte einen kleinen Unfall.

◆ Wann können Sie denn kommen?

○ Gleich! Ich wohne ganz in der Nähe.

◆ Dann kommen Sie doch in 20 Minuten.

○ Sehr gut. Dann komme ich .... vorbei.

◆ In Ordnung. Bis später. Und bringen Sie bitte Ihre Versichertenkarte mit!

○ Das mache ich. Vielen Dank. Bis ....

E3 Anruf beim Zahnarzt

a Schreiben Sie zu zweit ein Gespräch wie in E2.

Partner A

Sie haben Zahnschmerzen. Es ist ein Notfall. Sie wollen heute noch kommen. Es ist dringend.

Partner B

Sie arbeiten in einer Zahnarztpraxis. Sie haben erst übermorgen am Vormittag einen Termin frei. Die Patientin / Der Patient kann dann aber doch in 45 Minuten kommen. Sie/Er soll die Versichertenkarte mitbringen.

b Spielen Sie das Gespräch mit Ihrer Partnerin / Ihrem Partner.

Grammatik

1 Possessivartikel ÜG 2.04

	Nominativ				Akkusativ
	Singular			Plural	Singular maskulin ⚠
ich	• **mein** Termin	• **mein** Lied	• **meine** Mutter	• **meine** Ohren	• **meinen** Fuß
du	dein	dein	deine	deine	deinen
er/es	sein	sein	seine	seine	seinen
sie	ihr	ihr	ihre	ihre	ihren
wir	unser	unser	unsere	unsere	unseren
ihr	euer	euer	⚠ eure	⚠ eure	⚠ euren
sie	ihr	ihr	ihre	ihre	ihren
Sie	Ihr	Ihr	Ihre	Ihre	Ihren

Simon	seine	Hand
Milena	ihre	Ohren

⚠ eu~~e~~re

2 Modalverb: *sollen* ÜG 5.12

	sollen
ich	soll
du	sollst
er/sie	soll
wir	sollen
ihr	sollt
sie/Sie	sollen

Was sollen Peter und Jana tun? Ergänzen Sie.

Peter ist müde. Er __________ schnell Kaffee trinken. Jana ist auch müde. Sie __________ das Fenster aufmachen. Peter und Jana haben Hunger. Sie __________ etwas essen.

3 Modalverb im Satz ÜG 10.02

	Position 2		Ende
Ich	soll	Schmerztabletten	nehmen.

Über das Befinden sprechen: Mein Auge tut weh!
Mein Auge / Meine ... tut/tun (so) weh.
Ich bin krank.
Ich habe Halsschmerzen.
Meine Freundin hat Fieber / Husten / Schnupfen.

Was sagt der Mann? Schreiben Sie.

Mein ... tut weh.
Ich habe ...

Anweisungen geben: Kühlen Sie das Auge.
Kühlen Sie das Auge. Gehen Sie gleich ins Bett. Der Doktor sagt, ich soll Schmerztabletten nehmen.

Was sagt die Frau? Schreiben Sie fünf Sätze.

Der Doktor sagt, du ...

Eine Krankschreibung: Leider kann ich nicht kommen.
Leider kann ich bis ... nicht in die Firma / ... kommen. |

Einen Termin vereinbaren: Könnte ich bitte einen Termin haben?	
Könnte ich bitte einen Termin haben?	Wann haben Sie denn Zeit? Morgen haben wir (am Nachmittag/...) einen Termin frei.
Ich möchte bitte heute kommen. Es ist dringend!	Wann können Sie denn kommen? Dann kommen Sie doch in 20 Minuten.

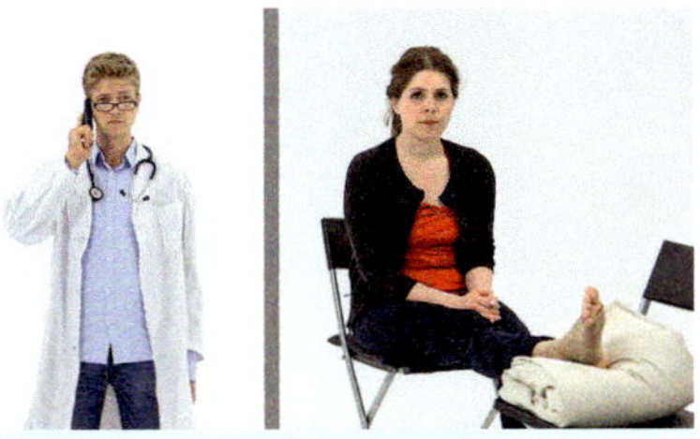

Sie möchten noch mehr üben?

3 | 49 – 51 AUDIO-TRAINING

VIDEO-TRAINING

LESEN

Lesen Sie den Text. Was macht man in diesen Situationen? Kreuzen Sie an.

1 In der Firma liegt ein Kollege auf dem Boden. Sie sprechen ihn an. Er antwortet nicht.
- ○ in eine Bereitschaftspraxis gehen
- ○ 112 anrufen und einen Notarzt rufen

2 Ihre Freundin besucht Sie. Es ist 2 Uhr morgens. Ihre Freundin hat Kopfschmerzen und 39 Grad Fieber.
- ○ einen ärztlichen Notdienst anrufen
- ○ eine Apotheke anrufen

3 Es ist Sonntag. Sie haben starke Halsschmerzen. Die Apotheke hat nicht auf.
- ○ in die Notaufnahme im Krankenhaus gehen
- ○ die Adresse der Notdienst-Apotheke im Internet suchen

HILFE HOLEN – Tipps für den Notfall

Es gibt einen Notfall, ein Mensch ist plötzlich sehr krank oder hat einen Unfall. Jede Minute ist wichtig.

» Mit der Notrufnummer 112 können Sie den Notarzt rufen.

Sie brauchen dringend ein Medikament, aber die Apotheken haben geschlossen.

» Es gibt einen Apotheken-Notdienst, auch in der Nacht und am Wochenende.

Sie brauchen dringend einen Arzt oder Zahnarzt, aber die Arztpraxen haben geschlossen. Das können Sie jetzt tun:

» Rufen Sie den ärztlichen Notdienst. Dann kommt ein Arzt zu Ihnen. Es gibt auch einen zahnärztlichen Notdienst.

» Gehen Sie zu einer Bereitschaftspraxis. Diese Praxen sind auch am Abend, am Wochenende und an Feiertagen geöffnet.

» Gehen Sie in ein Krankenhaus. Die meisten Krankenhäuser haben eine Notaufnahme. Diese ist Tag und Nacht geöffnet.

Wo finde ich Telefonnummern, Adressen und andere aktuelle Informationen?

» Den Notarzt können Sie mit der Nummer 112 überall in der EU rufen.

» Aktuelle Informationen finden Sie in der Zeitung oder im Internet. Benutzen Sie bei der Suche im Internet die roten Wörter.

FILM

Alfons, der Hypochonder

1 Sehen Sie die Fotos an und ergänzen Sie die Körperteile.

A

Das ist Alfons. Er hat ein Problem. Er ist Hypochonder. Jeden Tag hat er eine neue Krankheit.

B

Am Montag sagt er: Mein rechtes Ohr ist so groß.

C

Am Dienstag sagt er: Meine ______ sind heute so gelb.

D

Am Mittwoch sagt er: Meine linke ______ ist dick.

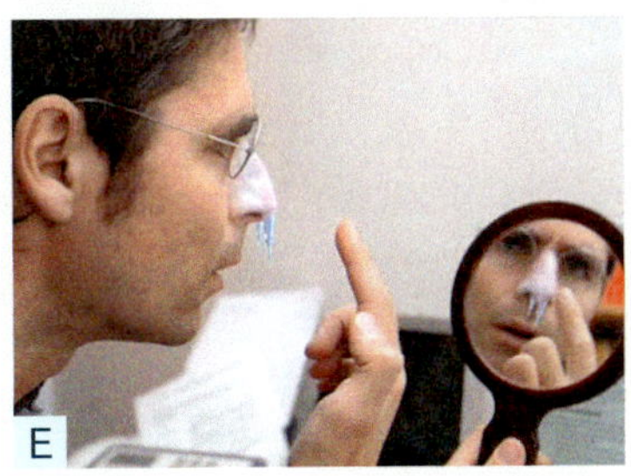

E

Am Donnerstag sagt er: Meine ______ ist eiskalt.

F

Am Freitag sagt er: Meine ______ sind kurz.

G

Am Samstag geht Alfons in sein Lieblingsgeschäft.

H

Am Sonntag geht es Alfons richtig gut: einen Tag lang. Aber dann …

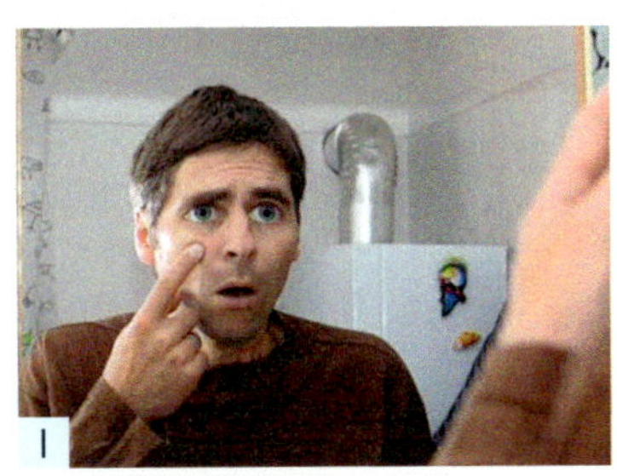

I

… kommt schon wieder der Montag. Armer Alfons!

2 Sehen Sie den Film an und vergleichen Sie.

In der Stadt unterwegs

1

2

Folge 11: Alles im grünen Bereich

5

6

1 Was sehen Sie auf den Fotos? Umkreisen Sie.

die (Auto-)Werkstatt · das Auto · der Autoschlüssel · die Apotheke · das Navi · die S-Bahn · die Autobahn · die Tankstelle · das Eis · die Brücke · die Ampel

2 Was passt? Ordnen Sie zu.

A

B

C

◯ Fahren Sie nach rechts.
◯ Fahren Sie geradeaus.
◯ Fahren Sie nach links.

4 ▶ 1 **3 Sehen Sie Foto 1 an und hören Sie. Ordnen Sie zu. Achtung: Nicht alles passt.**

zwei | zwölf | Medikamente kaufen | eine Erkältung | kein Problem | ~~sein Auto zur Werkstatt bringen~~

a Was sollen Lara und Lili für Walter tun? Sie sollen sein Auto zur Werkstatt bringen.
b Warum macht Walter das nicht selbst? Er hat ....
c Wann macht die Werkstatt zu? Um ....

4 ▶ 1–8 **4 Sehen Sie die Fotos an und hören Sie. Was ist richtig? Kreuzen Sie an.**

a Warum kommen Lara und Lili so spät an?
○ Sie finden den Weg nicht.
○ Sie fahren auf der Autobahn.
Lara möchte einmal richtig schnell fahren.

b Was bedeutet „Alles im grünen Bereich"?
○ Alles ist okay.
○ Nichts funktioniert.

Tims Film

A Vor der Brücke links.

A1 Wo ist Lili? Kreuzen Sie an.

A

○ im Auto
○ auf dem Auto

D

○ hinter dem Auto
○ vor dem Auto

G

○ unter dem Auto
○ vor dem Auto

B

☒ an der Haltestelle
○ auf der Haltestelle

E

○ vor dem Auto
○ neben dem Auto

H

○ vor dem Auto
○ hinter dem Auto

C

○ neben dem Fahrrad
○ auf dem Fahrrad

F

○ über den Wolken
○ hinter den Wolken

I

○ auf den Autos
○ zwischen den Autos

Wo?		
an	in	unter
auf	neben	vor
hinter	über	zwischen

A2 In der Stadt

Was sehen Sie auf dem Bild? Zeigen Sie und sprechen Sie mit Ihrer Partnerin / Ihrem Partner.

• die Haltestelle • der Kiosk • die Buchhandlung • das Café • die Schule • die Bank • die Post • die Bücherei • die Bäckerei • der Lkw • das Auto • das Fahrrad • das Motorrad • der Bus • die Straße • der Parkplatz • der Baum • die Wiese • der Busch • das Krankenhaus

Schau mal, da sind zwei Lkws.

Und hier sieht man einen Kiosk.

A3 Sehen Sie das Bild noch einmal an.

a Ergänzen Sie die Sätze.

zwischen auf am über ~~an~~ ~~hinter~~

1 Die Kinder warten an der Haltestelle.
2 Zwei Lkws stehen ______ dem Parkplatz.
3 Ein Mann kauft ______ Kiosk eine Zeitung.
4 Ein Paar sitzt hinter dem Café.
5 Die Bücherei ist ______ der Bäckerei.
6 Die Stühle und der Tisch stehen ______ den Häusern.

Wo?	
hinter	• dem Kiosk • dem Café • der Bäckerei • den Häusern

an	+	dem	=	am
in	+	dem	=	im

b Fragen und antworten Sie.

Wo ist die Haltestelle?

Neben dem Parkplatz.

B Wir fahren **mit dem Auto.**

B1 Ordnen Sie zu.

~~die Straßenbahn~~ · das Flugzeug · der Zug · das Auto · die U-Bahn · die S-Bahn · das Taxi · der Bus · das Fahrrad

A

D

G

B

die Straßenbahn

E

H

C

F

I

4 ▶ 9–12 **B2 Wir fahren mit dem Auto.**

a Womit fahren die Personen? Hören Sie und kreuzen Sie an.

1 ○ mit dem Zug
○ mit dem Auto

2 ○ mit der Straßenbahn
○ mit dem Auto

3 ○ mit dem Auto
○ mit dem Fahrrad

4 ○ mit dem Bus
○ mit der S-Bahn

Wie?	
der Bus	→ mit dem Bus
das Auto	→ mit dem Auto
die S-Bahn	→ mit der S-Bahn

b Wohin möchten die Personen? Hören Sie noch einmal und ordnen Sie zu.

Supermarkt · Fußballtraining · ~~Werkstatt~~ · Schule

1 Lara und Lili sollen zur Werkstatt fahren.
2 Das Paar will zum .... fahren, der Mann will aber nicht zu Fuß gehen.
3 Der junge Mann muss zum ....
4 Die Frau möchte zur Gutenberg-.................... fahren.

⚠ zu Fuß

c Ergänzen Sie die Tabelle.

⚠ Wohin?	
der Supermarkt	→ zum Supermarkt
das Training	→ .... Training
die Schule	→ .... Schule

zu + dem	= zum
zu + der	= zur

B3 Schreiben Sie Sätze.

a Lara und Lili •  → • 

b Herr Huber •  → • 

c Fatima •  → • 

d Haruk •  → • 

Lara und Lili fahren mit dem Auto zur Werkstatt.

B4 Wie fahren / gehen Sie zur Schule, zum Training ...?

Sprechen Sie mit Ihrer Partnerin / Ihrem Partner.

Ich fahre mit dem Bus zur Schule. Und du?

Ich auch.

B5 Entschuldigung, wie komme ich ...?

4 ▶ 13 **a** Am Hauptbahnhof. Hören Sie das Gespräch und umkreisen Sie.

1 Wohin will die Frau fahren?
Zu Luise. Zum Schwimmbad.

2 Wie kommt man dorthin?
Mit dem Bus. Zu Fuß.

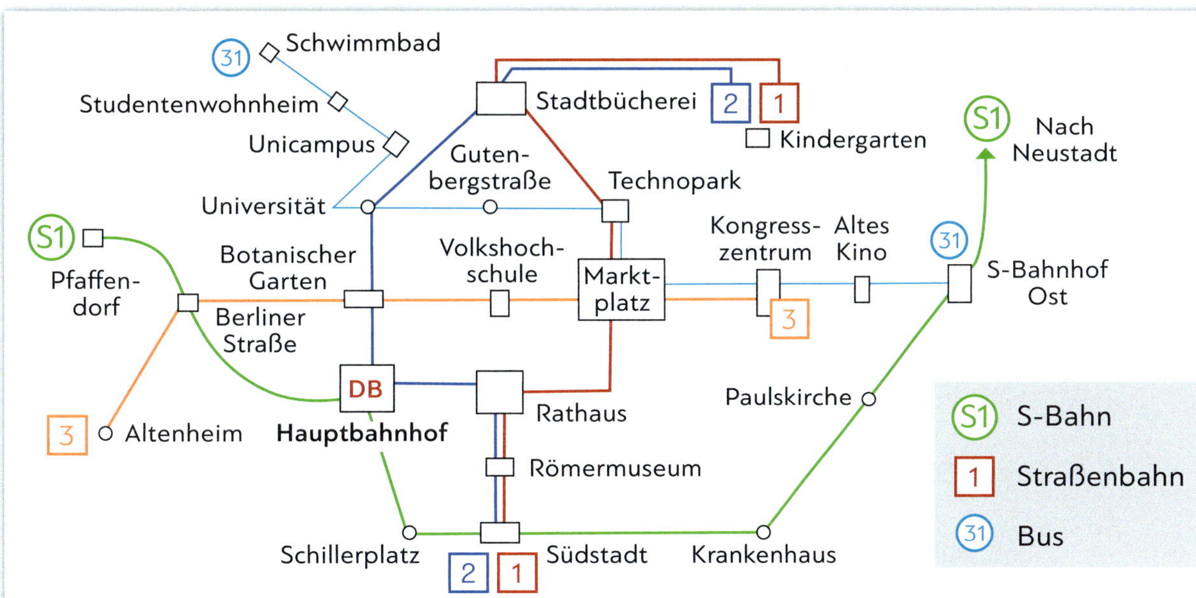

b Sehen Sie den Netzplan an. Sie sind am Hauptbahnhof. Fragen Sie und antworten Sie.

• Kindergarten • Krankenhaus • Berliner Straße ...

◆ Entschuldigung, wie komme ich zum / zur ...? Kann ich zu Fuß gehen?

○ Nein, das ist zu weit. Fahren Sie mit dem / der ...

◆ Vielen Dank für die Auskunft.

○ Gern! Auf Wiedersehen.

C Fahren Sie dann **nach links.**

4 ▶ 14 **C1 Wie soll Lara fahren?**

Hören Sie und kreuzen Sie an.

○ A 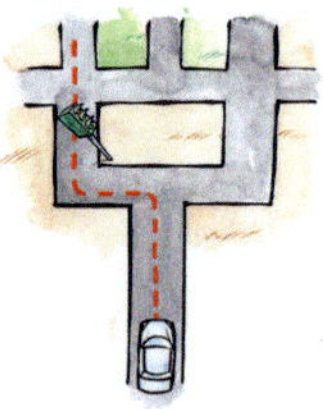

○ B 

4 ▶ 15 **C2 Hören Sie und zeichnen Sie den Weg.**

C3 Sehen Sie den Stadtplan in C2 an. Fragen Sie und antworten Sie.

Entschuldigung, ich suche den Kindergarten / das ... / die ... Wo ist hier eine Metzgerei / ein Hotel / ...?
Gehen Sie immer geradeaus. Gehen Sie an der Ampel rechts / links. Sie gehen nach 300 Metern nach rechts / links. Sie gehen zuerst geradeaus und dann die zweite Straße rechts / links. Tut mir leid, ich bin nicht von hier / fremd hier.

Entschuldigung, wo ist hier der Kindergarten?

Gehen Sie geradeaus und die erste Straße rechts.

die erste Straße	
die zweite Straße	rechts/links
die dritte Straße	

D Wir gehen **zu Walter** und holen das Auto.

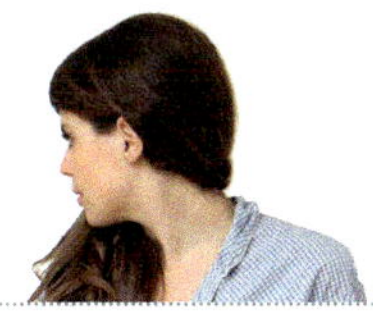

D1 Wo ist ...?

a Wissen Sie es noch? Kreuzen Sie an.

1 Wo ist Walter?
- ○ Beim Arzt.
- ○ Im Bett.

2 Wo ist Sofia?
- ○ In der Apotheke.
- ○ In der Werkstatt.

4 ▶ 16 **b** Hören Sie und vergleichen Sie.

c Ergänzen Sie die Tabelle.

Wo?		
● .... Arzt	● beim Kind	● bei der Zahnärztin
● im Park	● im Bett	● .... Apotheke

⚠ zu Hause

bei + dem = beim

4 ▶ 17 D2 Hören Sie und variieren Sie.

◆ Ist der Chef nicht da?
○ Nein, tut mir leid. Er ist beim Zahnarzt .

Varianten:

in Frankfurt | in der Werkstatt | beim Hausmeister | in der Schweiz | im Sekretariat | in den USA

in Berlin
in Deutschland
⚠
● im Jemen
● in der Schweiz
● in den USA

D3 Sehen Sie den Terminkalender an. Wann ist Paolo wo?

Schreiben Sie fünf Sätze.

Montag	Dienstag	Mittwoch	Donnerstag	Freitag
Berlin	● Fitness-studio	Dr. Müller / ● Zahnarzt	● Supermarkt mit Oma	● Museum mit Luisa

Am Montag ist Paolo in Berlin.
Am Dienstag ist er ...

Paolo

D4 Und was macht Paolo nächste Woche?

a Lesen Sie Ihrer Partnerin / Ihrem Partner den Text vor.

> Am Montag gehe ich schon früh zur Arbeit.

Was machst du nächste Woche, Paolo?

Am Montag gehe ich schon früh zur . In der Mittagspause gehe ich in den Park. Und nach der Arbeit gehe ich mit Larissa ins 

. Ich gehe spät ins Bett.

Am Dienstag habe ich nämlich frei. Ich fahre mit dem Auto nach 

. Dort muss ich ins 

– ich besuche meinen Freund Alex. Am Abend fahre ich dann erst spät wieder nach Hause. Am Donnerstag muss ich zur Arbeit. Vorher muss ich noch zum  und in die 

. Ich muss Medikamente holen. Am Freitag bringe ich meine Oma zur Zahnärztin.

Am Wochenende habe ich natürlich frei! Aber am Sonntagabend fahre ich dann in die . Ich muss beruflich für einen Tag nach 

.

Am Dienstag fahre ich wieder nach .

b Ergänzen Sie die Tabelle.

Wohin?		
• in den Park	• ________ Kino	• ________ Apotheke
• in den Jemen	________ Berlin	• ________ Schweiz

in + das = ins

⚠ nach Hause

⚠ zum Arzt

⚠ zur Zahnärztin

D5 Spielen Sie Gespräche mit Ihrer Partnerin / Ihrem Partner.

Partner A: Sie sind neu in der Stadt und möchten …

Bücher ausleihen | Fußball spielen | Medikamente kaufen | Lebensmittel kaufen | einen Kaffee trinken | einen Brief verschicken | kopieren | joggen

Partner B: Sie erklären den Weg zum/zur …

• Fußballverein | • Briefkasten | • Supermarkt | • Apotheke | • Copyshop | • Bücherei | • Café | • Park

Entschuldigung. Wo kann ich hier in der Nähe …?	Da gehen Sie zum/zur …
Kann ich zu Fuß gehen?	Ja, das ist nicht weit. Er/Es/Sie ist gleich dort an der Ecke./da vorne./da hinten./da drüben.

E Am Bahnhof

4 ▶ 18 – 22 **E1 Hören Sie die Durchsagen und ordnen Sie zu.**

	Durchsage
a Der Zug fährt von Gleis 8 ab.	(3)
b Die Fahrgäste sollen einsteigen.	◯
c Der Zug hat Verspätung. Er kommt zehn Minuten später an.	◯
d Die Fahrgäste können in einen Zug nach Berlin umsteigen.	◯
e Die Fahrgäste sollen aussteigen.	◯

ankommen
● die Ankunft

abfahren
● die Abfahrt

einsteigen

aussteigen

umsteigen

E2 Am Schalter

a Lesen Sie die Sätze. Wer sagt was? Ordnen Sie zu.

Terminal Deutsche Bahn Berlin

~~Ich brauche eine Auskunft: Wann fährt der nächste Zug nach Köln?~~ | Wo bekomme ich eine Fahrkarte? | Hier oder am Automaten. | Einfach oder hin und zurück? | Um 9 Uhr 50. | Hin und zurück, bitte. | Von welchem Gleis fährt der Zug ab? | Das macht 63 Euro. | Gute Fahrt! | Gleis 17. Also gleich am Bahnsteig gegenüber.

1 Die Kundin	2 Die Mitarbeiterin
Ich brauche eine Auskunft: Wann fährt der nächste Zug nach Köln?	

4 ▶ 23 **b** Hören Sie das Gespräch und vergleichen Sie.

c Schreiben Sie ein Gespräch. Spielen Sie das Gespräch dann mit Ihrer Partnerin / Ihrem Partner.

Ihr Fahrplan

Bahnhof/Haltestelle	*Datum*	*Zeit*	*Gleis*	*Zug*	*Normalpreis*
Kiel Hbf	Mo, 14.10.	ab 13:20	3		149,00 EUR
Hamburg Hbf	Mo, 14.10.	an 14:37	19	ICE 588	
Hamburg Hbf	Mo, 14.10.	ab 15:07	12		
Nürnberg Hbf	Mo, 14.10.	an 19:38	2	ICE 229	

◇ Ich brauche eine Auskunft. Wann fährt der nächste Zug nach Nürnberg?
○ Um 13 Uhr 20.
◇ Vielen Dank.

Grammatik

1 Modale Präpositionen: *mit* + Dativ ÜG 6.04

Wie?	
• der Bus	→ mit dem Bus
• das Auto	→ mit dem Auto
• die S-Bahn	→ mit der S-Bahn
• die Fahrräder	→ mit den Fahrrädern

Schreiben Sie vier Sätze.

Ich fahre oft mit ...
Ich fahre manchmal mit ...

2 Lokale Präpositionen auf die Frage *Wo?* ÜG 6.02

	Singular			Plural
hinter	• dem Kiosk	• dem Café	• der Bäckerei	• den Häusern

auch so: an, auf, neben, in, über, unter, zwischen, vor

an + dem = am
in + dem = im

3 Lokale Präpositionen auf die Fragen *Wo?* und *Wohin?* ÜG 6.02, 6.03

	Wo ...?	Wohin ...? →
Person		
• der Arzt	• beim Arzt	• zum Arzt
• die Zahnärztin	• bei der Zahnärztin	• zur Zahnärztin
Walter	bei Walter	zu Walter
Ort/Geschäft		
• der Park	• im Park	• in den Park
• das Bett	• im Bett	• ins Bett
• die Apotheke	• in der Apotheke	• in die Apotheke
Länder/Städte		
• der Jemen	• im Jemen	• in den Jemen
• die Schweiz	• in der Schweiz	• in die Schweiz
• die USA	• in den USA	• in die USA
Berlin	in Berlin	nach Berlin

bei + dem = beim

Wo ...?	Wohin ...? →
⚠ zu Hause	⚠ nach Hause

⚠ Wohin ...? →	
• der Supermarkt	• zum Supermarkt
• das Training	• zum Training
• die Schule	• zur Schule

zu + dem = zum
zu + der = zur
in + das = ins

Orientierung: Wo ist hier die Post?
Entschuldigung, ich suche den Kindergarten / das … / die … / … Wie komme ich zum/zur …?
Wo ist hier eine Metzgerei / ein Hotel / …?
Wo kann ich hier in der Nähe …?
Kann ich zu Fuß gehen?

Orientierung: Gehen Sie immer geradeaus.
Gehen Sie immer geradeaus. Sie gehen zuerst geradeaus und dann die zweite Straße rechts/links.
Sie gehen nach 300 Metern nach rechts/links. Fahren Sie nach rechts / nach links. Fahren Sie geradeaus. Gehen Sie an der Ampel rechts/links.
Tut mir leid, ich bin nicht von hier / bin fremd hier.
Da gehen Sie zu/zum/zur … Er/Es/Sie ist gleich dort an der Ecke. / da vorne. / da hinten. / da drüben.
Ja, das ist nicht weit. / Nein, das ist zu weit. Fahren Sie mit der U-Bahn / mit dem Bus / …

Am Schalter: Ich brauche eine Auskunft.	
Ich brauche eine Auskunft: Wann fährt der nächste Zug nach …?	Um … Uhr. / Um …
Von welchem Gleis fährt der Zug ab?	Von Gleis … Das ist hier gleich der Bahnsteig gegenüber.
Wo bekomme ich eine Fahrkarte?	Hier oder am Automaten.
Bitte eine Fahrkarte einfach. / hin und zurück.	

Eine Freundin / Ein Freund ist am Bahnhof. Beschreiben Sie den Weg zu Ihrer Wohnung.

Hallo …, ich bin jetzt am Bahnhof. Wie komme ich zu dir? Kann ich zu Fuß gehen?

Nein, du fährst …

Sie möchten noch mehr üben?

4 | 24–26 AUDIO-TRAINING

VIDEO-TRAINING

SCHREIBEN

Mein Tag

1 Sehen Sie das Bild an. Schreiben Sie zu zweit eine kleine Geschichte zu einer Person (A, B, C, ...):

Wie war der Tag von Person A, B, C ...? • Was macht die Person jetzt? • Was möchte sie später noch machen?

> Ich habe um 7 Uhr gefrühstückt. Dann bin ich mit der U-Bahn zum Pariser Platz gefahren. Dort ist mein Büro. Ich habe bis 12 Uhr gearbeitet. Jetzt muss ich schnell zum Bahnhof fahren. Aber es ist schon spät. Ich möchte mit dem Taxi fahren. Um 14 Uhr fährt mein Zug nach Berlin. Dort habe ich einen Termin. Und am Abend treffe ich meine Freundin! Juhu!

2 Lesen Sie Ihre Geschichte im Kurs vor. Die anderen raten: Wer ist das?

Das ist Person B!

Nein, das ist ...

FILM

Verkehr und Verkehrsmittel

Sehen Sie den Film zum Thema „Verkehr und Verkehrsmittel“ an.
Welche Verkehrsmittel sehen Sie? Sammeln Sie im Kurs.

Autos, ...

LIED

Entschuldigen Sie?

Entschuldigen Sie? ... Darf ich Sie etwas fragen?
Ich bin fremd in dieser Stadt. Bitte können Sie mir sagen:
Wie komm' ich denn von hier zur Universität?
Ich hab' einen Termin dort und ich bin schon viel zu spät.
Fahr' ich mit der U-Bahn, mit der S-Bahn, mit dem Bus?
Oder ist es nicht so weit? Dann gehe ich zu Fuß.

Sie gehen da vorne links an diesem Kiosk vorbei.
Und dann gehen Sie immer weiter bis zu einer Bäckerei.
Neben dem Geschäft muss auch 'ne Buchhandlung sein.
Und hinter der geht rechts ein kleiner Weg hinein.
Aber Achtung! Dieser Weg ist wirklich ziemlich schmal
und ich glaub', es ist am besten, Sie fragen dort noch mal.

Entschuldigen Sie? ... Darf ich Sie etwas fragen?
Ich bin fremd in dieser Stadt. Bitte können Sie mir sagen:
Wie komm' ich denn von hier zur Universität?
Ich hab' einen Termin dort und ich bin schon viel zu spät.
Fahr' ich mit der U-Bahn, mit der S-Bahn, mit dem Bus?
Oder ist es nicht so weit? Dann gehe ich zu Fuß.

Zur Universität? ... Aha, aha, aha,
... zur Universität, seh'n Sie mal,
da gehen Sie da hinter diesem Parkplatz rechts die Treppe hinauf
und da oben bei der Apotheke dann geradeaus.
Und dann gehen Sie immer weiter, bis es nicht mehr weitergeht.
Dann sind Sie in der Nähe von der Universität.

Refrain:
Da hinten? Da vorne?
... Danke, danke!
Links und rechts und
... Danke, danke!
Da oben? Da unten?
... Danke, danke!
Geradeaus?
... Das ist wirklich sehr nett!

4 ▶ 27 **1 Hören Sie das Lied und lesen Sie dazu den Liedtext.**
Sehen Sie das Bild an. Wo ist was? Ordnen Sie zu.

- ◯ Buchhandlung
- ① Kiosk
- ◯ Bäckerei
- ◯ Parkplatz
- ◯ Universität
- ◯ Apotheke

4 ▶ 27 **2 Hören Sie noch einmal und singen Sie den Refrain mit.**

Kundenservice

1 Sehen Sie die Fotos an. Wo sehen Sie was? Ergänzen Sie.

- **a** eine Tasche: Foto 1 bis 7
- **b** eine Plastiktüte: ....
- **c** eine Rechnung: ....
- **d** einen Verkäufer: ....
- **e** etwas ist kaputt: ....

4 ▶ 28–35 **2 Sehen Sie die Fotos an und hören Sie. Was ist richtig? Kreuzen Sie an.**

- **a** ○ Laras Tasche war teuer.
- **b** ○ Die Tasche ist neu, aber schon kaputt.
- **c** ○ Der Verkäufer repariert die Tasche heute.
- **d** ○ Lara bekommt ihre Tasche am Dienstag.
- **e** ○ Lara findet den Service gut.

4 ▶ 28 – 35 **3 Ordnen Sie zu. Hören Sie dann noch einmal und vergleichen Sie.**

Dienstag | kaputt | Laden | ~~Tasche~~ | Plastiktüte | reparieren | soll

Lara hat eine Tasche gekauft. Sie ist schon .... Lara geht in den .... Der Verkäufer soll die Tasche .... Er sagt, Lara .... die Tasche reparieren. Aber Lara macht das nicht. Lara bekommt die Tasche am .... zurück. Am Ende gibt der Verkäufer Lara eine ....

4 Lara ist sauer. Verstehen Sie, warum?
Sprechen Sie.

• der Service | • der Verkäufer | unfreundlich | normal | schlecht | nicht so gut | ...

Ja, ich verstehe das. Der Verkäufer ist ...

In meinem Heimatland ...

Laras Film

A Gleich **nach dem Kurs** gehe ich hin.

A1 Ordnen Sie zu.

bei | nach | vor

A

Das ist Lara ______ dem Kurs.

B

Das ist Lara ______ dem Kurs.

C

Das ist Lara ______ den Hausaufgaben.

Wann?	
vor	● dem Kurs
nach	● dem Training
bei	● der Arbeit
	● den Hausaufgaben

⚠ ● beim Kurs
● beim Training

4 ▶ 36 A2 Ergänzen Sie *bei*, *nach* und *vor*.

Hören Sie dann und vergleichen Sie.

vor	● einem Tag
nach	● einer Woche

◆ Ich will Sie nicht bei der Arbeit stören. Aber: Könnten Sie mir bitte helfen?
○ Was kann ich für Sie tun?
◆ Die Tasche habe ich ______ ______ Woche hier bei Ihrem Kollegen gekauft. Sie ist leider schon kaputt. Schon ______ ______ Woche.

A3 Ein Tag in Wang Lins Laden

4 ▶ 37 **a** Hören Sie das Gespräch und verbinden Sie.

1 vor der Mittagspause
2 beim Mittagessen
3 nach der Mittagspause

a Musik hören
b Reparaturen machen und nähen
c viele Taschen und Kleider verkaufen

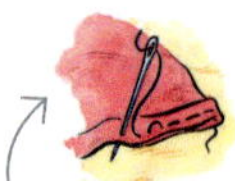

b Schreiben Sie drei Sätze.

Vor der Mittagspause macht Wang Lin …

A4 Schreiben Sie fünf Sätze über Ihren Tag mit *vor*, *bei*, *nach*.

Mischen Sie die Zettel. Die anderen raten: Wer ist das?

Nach dem Frühstück gehe ich zum Deutschkurs.

B Sie bekommen sie **in vier Wochen**.

4 ▶ 38 B1 Verbinden Sie. Hören Sie dann und vergleichen Sie.

a ◆ Wie lange brauchen Sie für die Reparatur?
b ◆ Wie lange dauert es denn? — 1
c ○ Ab wann brauchen Sie die Tasche denn wieder?

1 ◆ Bis morgen?
2 ◆ Ab Montag.
3 ○ Sie bekommen die Tasche in etwa vier bis sechs Wochen zurück.

Wann?	in	• einem Monat • einem Jahr • einer Woche • drei Jahren

(Ab) wann?	Ab ● → drei Uhr / Montag.
Wie lange?	Bis → ● fünf Uhr / morgen / nächste Woche.

4 ▶ 39 B2 Hören Sie und variieren Sie.

◆ Mein Herd funktioniert nicht. Ich brauche dringend Hilfe. Wann kann der Techniker kommen?
○ In einer Stunde ist er bei Ihnen.

Varianten:

meine Waschmaschine – eine Woche | meine Heizung – drei Stunden | mein Radio – eine Viertelstunde

B3 Mein ... ist kaputt. Spielen Sie Gespräche beim Kundenservice.

• das Fahrrad • der Drucker • das Tablet
• das Handy • das Radio • der Computer

Verkäufer/in

◆ Was kann ich für Sie tun?

◆ Aha. Zeigen Sie mal.

◆ Das kann ich noch nicht sagen. Vielleicht bis Montag/Dienstag/.../ nächste Woche. Fragen Sie bitte morgen noch mal nach.

◆ Gern.

Kundin/Kunde

○ Mein/Meine ... ist kaputt. / funktioniert nicht.

○ Wie lange brauchen Sie für die Reparatur?

○ Gut, vielen Dank!

C Könnten Sie mir das bitte zeigen?

4 ▶ 40 C1 Hören Sie und zeichnen Sie. Welcher Satz ist freundlich ☺, welcher nicht ☹?

- a Könnten Sie mir das bitte zeigen? ☺
- b Helfen Sie mir!
- c Geben Sie mir einfach eine neue Tasche! ◯
- d Würden Sie mir dann bitte mein Geld zurückgeben? ◯

> ☹ Helfen Sie mir!
> ☺ **Könnten** Sie mir bitte **helfen**?
> **Würden** Sie mir bitte **helfen**?

> **Könnten** Sie mir bitte **helfen**?

C2 Höfliche Bitten

Sehen Sie die Bilder an. Sie sind die Kundin / der Kunde. Was sagen Sie? Schreiben Sie.

die Spülmaschine reparieren | ~~Hustensaft oder Tabletten empfehlen~~ | einen Tisch im Restaurant reservieren | die Tür aufmachen

A Sie sind in der Apotheke.

Würden Sie Hustensaft oder Tabletten empfehlen?

C Die Spülmaschine funktioniert nicht.

B Sie stehen vor Ihrer Wohnungstür. Die Tür ist geschlossen. Sie haben keinen Schlüssel.

D Sie sind im Hotel an der Rezeption.

C3 Was sagt die Chefin? Was antwortet die Sekretärin?

Spielen Sie Gespräche.

bitte die Rechnung heute noch bezahlen | bitte den Computer anmachen | die E-Mail an die Firma Fischer bitte heute noch schreiben | bitte gleich Kaffee machen | bitte Papier für den Drucker kaufen | bitte das Licht 💡 ausmachen

◆ Könnten / Würden Sie bitte die Rechnung heute noch bezahlen?

☺
○ Natürlich.
Ja gern.

☹
○ Nein, das geht leider nicht. Ich muss erst ...

4 ▶ 41 – 44 **D1 Hören Sie vier Ansagen: Wer spricht hier? Kreuzen Sie an.**

	 Autohaus	 Schülerhilfe	 Amt	 Privatperson
Ansage 1				X
Ansage 2				
Ansage 3				
Ansage 4				

4 ▶ 41 – 44 **D2 Hören Sie die Ansagen aus D1 noch einmal. Was ist richtig? Kreuzen Sie an.**

1 Was soll die Person tun?
- ○ Später noch einmal anrufen.
- ○ Eine andere Nummer anrufen.
- ○ Eine Nachricht hinterlassen.

2 Ein Anrufer versteht nur Englisch. Was soll er tun?
- ○ Die Zahl 4 drücken.
- ○ Die Zahl 4 sprechen.
- ○ Die Nummer 4 anrufen.

3 Was soll Herr Tögl tun?
- ○ Einen Preis sagen.
- ○ Das Auto verkaufen.
- ○ Die Firma anrufen.

4 Was soll Frau Brückner tun?
- ○ Ihren Sohn anmelden.
- ○ Einen anderen Lehrer nehmen.
- ☒ Termine machen.

D3 Eine Ansage für Ihre Mobilbox. Wählen Sie passende Sätze und schreiben Sie.
Sprechen Sie dann.

Hier ist der Anschluss von ...
Im Moment sind wir / bin ich nicht erreichbar.
Sprechen Sie bitte Ihren Namen und Ihre Telefonnummer nach dem Ton.
Bitte hinterlassen Sie eine Nachricht.
Wir rufen / Ich rufe zurück.
Bitte rufen Sie später noch einmal an.

D4 Schreiben Sie und sprechen Sie dann auf die Mailbox.

Sie haben den Kühlschrank *Cool 2000* gekauft.
Er ist zwei Wochen alt und funktioniert nicht.

Hier spricht/ist ...
Bitte rufen Sie zurück.
Meine Nummer ist ...
Vielen Dank und auf Wiederhören.

Hier ist .... Ich habe bei Ihnen einen Kühlschrank ...

E1 Lesen Sie. Welche Anzeige passt? Ordnen Sie zu.

Anzeige

a Nubias Handy funktioniert nicht. Das Display ist zerbrochen.  ②
b Frau Bertrams möchte heute besonders gut aussehen. Ihre Freunde kommen zu Besuch. ○
c Familie Cornelis ist im Urlaub. Draußen vor ihrem Haus liegt Schnee. Der muss weg. ○
d Die Kaffeemaschine von Lena und Bert funktioniert nicht mehr. ○
e Die Freunde Henry, Flo und Paul bekommen um 22 Uhr Hunger und haben nichts im Kühlschrank. ○

Michaelas Frisurenkiste
Meisterbetrieb

Tel. 0176/36 50 49 87
michaela@frisurenkiste.de
trendige Schnitte • tolle Farben • Haarverlängerung
Montag bis Samstag
9 – 20 Uhr

1

Handy-Werkstatt
Scharnhortstraße 16
96049 Bamberg

Ihr Smartphone ist kaputt?
Wir reparieren es! Sofort! Schnell! Günstig!
Rufen Sie uns an oder schreiben Sie uns:
0951/345 82 98
www.handy-werkstatt.net

2

Sie brauchen Hilfe für Haus und Wohnung?

Hausmeister • Reparaturen • Hausreinigung • Gartenpflege • Winterdienst

Kein Problem, wir sind für Sie da.
einfach – schnell – gut

reuther-service 08762/1532
www.reuther-service.de
Prantlstr. 12 • 38667 Bad Harzburg

3

Pizza-auf-Rädern.de
Jetzt online bestellen!

Mo–Sa 10:30 bis 14:00 / 16:30 bis 23:00
Sonntag und Feiertag: 11:00 bis 22:30
Dienstag Ruhetag

Unsere Angebote
Mittagsangebote Mo–Fr von 10:30 bis 14:00
– Pizza (28 cm) nur 5,00 Euro
– Pizza (32 cm) nur 6,00 Euro
– Nudelgericht nur 5,00 Euro

4

REPARIEREN LOHNT SICH!
Reparaturservice

Ihr Toaster ist kaputt?
Wir reinigen und reparieren Ihr Elektrogerät mit Freude.

E-Mail: ernst@reparaturen.de

5

E2 Sehen Sie den Text an. Was ist das? Umkreisen Sie.

ein Formular | eine Gebrauchsanweisung

EIN- UND AUSSCHALTEN DES GERÄTS
Drücken Sie die Taste auf der Rückseite der Maschine fünf Sekunden lang.

REINIGUNG

1. Ziehen Sie den Stecker aus der Steckdose.
2. Öffnen Sie den Deckel oben am Gerät.
3. Nehmen Sie den Wasserbehälter heraus.
4. Reinigen Sie den Wasserbehälter mit Essig.
5. Schließen Sie den Deckel wieder.

KUNDENSERVICE
Ihre Kaffeemaschine ist kaputt? Sie brauchen Hilfe? Auf unserer Homepage finden Sie die Telefonnummer und E-Mail-Adresse von unserem Kundenservice.
Auch in Ihrer Stadt.

E3 Wie reinigt man die Kaffeemaschine?

Sehen Sie die Bilder an. Ordnen Sie die Sätze 1–5 aus E2 zu.

(4)

○

○

○

○

4 ▶ 45 **E4 Anruf beim Kundenservice. Hören Sie das Gespräch.**

Wer sagt was? Kreuzen Sie an.

	Kunde	Service-Mitarbeiterin
a Was kann ich für Sie tun?	○	☒
b Könnte ich bitte den Kundenservice sprechen?	○	○
c Ja, hier sind Sie richtig.	○	○
d Würden Sie mir das bitte erklären?	○	○
e Sie können auch alle Informationen in der Gebrauchsanleitung finden.	○	○
f Nichts zu danken.	○	○
g Wenn Sie noch Fragen haben, rufen Sie einfach noch mal an.	○	○

Grammatik

1 Temporale Präpositionen: *vor, nach, bei, in* + Dativ ÜG 6.01

	Singular		Plural	
Wann?				
vor	• dem Kurs	• dem Training	• der Arbeit	• den Hausaufgaben
nach	• dem Kurs	• dem Training	• der Arbeit	• den Hausaufgaben
bei	⚠ • beim Kurs	⚠ • beim Training	• der Arbeit	• den Hausaufgaben
in	• einem Monat	• einem Jahr	• einer Woche	• drei Jahren

2 Temporale Präpositionen: *bis, ab* ÜG 6.01

(Ab) wann ...?	Ab ● → drei Uhr / Montag.
Wie lange ...?	Bis → ● fünf Uhr / morgen / nächste Woche.

3 Höfliche Aufforderung: Konjunktiv II ÜG 5.17

Position 2			Ende
Könnten	Sie	mir bitte	helfen?
Würden	Sie	mir dann bitte das Geld	zurückgeben?
Könntest	du	mir bitte	helfen?
Würdest	du	mir dann bitte das Geld	zurückgeben?

Kundenservice: Was kann ich für Sie tun?	
Was kann ich für Sie tun?	Könnte ich bitte den Kundenservice sprechen? Mein Herd funktioniert nicht / ist kaputt.
Ja, hier sind Sie richtig.	
Wann kann der Techniker kommen?	In einer Stunde ist er bei Ihnen.
Wie lange brauchen Sie für die Reparatur?	Das kann ich noch nicht sagen.
	Vielleicht bis Montag/Dienstag/.../nächste Woche. Fragen Sie bitte morgen noch mal nach.
	Wenn Sie noch Fragen haben, rufen Sie einfach noch mal an.

Sie rufen beim Kundenservice an. Schreiben Sie ein Gespräch.

◇ Guten Tag. Mein Name ist ...
○ Was kann ich für Sie tun?
◇ Mein ... funktioniert nicht ...

Um etwas bitten: Könnten Sie mir bitte helfen?
Könnten/Würden Sie mir bitte helfen?
Ich brauche dringend Hilfe.
Könnten/Würden Sie bitte die Rechnung heute noch bezahlen?
Würden Sie mir das bitte erklären?
Natürlich./Ja gern./Nein, das geht leider nicht. Ich muss erst ...
Nichts zu danken.

Ansage für die Mailbox: Wir rufen zurück.
Hier ist der Anschluss von ...
Im Moment sind wir / bin ich nicht erreichbar.
Sprechen Sie bitte Ihren Namen und Ihre Telefonnummer nach dem Ton.
Bitte hinterlassen Sie eine Nachricht.
Wir rufen / Ich rufe zurück.
Bitte rufen Sie später noch einmal an.

Auf die Mailbox sprechen: Hier ist ...
Hier spricht/ist ...
Bitte rufen Sie zurück.
Meine Nummer ist ...
Vielen Dank und auf Wiederhören.

Sie möchten noch mehr üben?

4 | 46–48 AUDIO-TRAINING

VIDEO-TRAINING

SPIEL

Geschäftsideen

Ein Laden? Ein Geschäft? Ein Service? Wollen Sie ein Start-up gründen? Jeder kann etwas! Jeder hat Interessen! Für jeden gibt es eine Geschäftsidee. Darum geht es in dem Spiel.

1 Was können Sie? Was mögen Sie? Machen Sie Notizen.

Name: Alina Schirkow
Meine Interessen: Fußball spielen und Basketball spielen
Das kann ich gut: Computer reparieren, zuhören, kochen

2 Arbeiten Sie zu dritt. Lesen Sie die Zettel Ihrer Partnerinnen / Ihrer Partner.
Überlegen Sie zusammen: Für wen passt welche Geschäftsidee?

Alina macht gern Sport, sie spielt sehr gern Fußball und Basketball. Und sie kann gut kochen! Sie kann eine Sportbar eröffnen.

Ich kann einen Backkurs geben!

FILM

Reise durch Deutschland, Österreich und die Schweiz

Sehen Sie den Film und verbinden Sie die Reiseziele mit den Orten auf der Landkarte.

LANDESKUNDE

Informationen für Migranten in Deutschland

Sie sind hier: Familie > Kinder > *Kinderbetreuung*

Sie suchen eine gute Betreuung für Ihr Kind?
Auf dieser Seite informieren wir Sie über die Kinderbetreuung hier in unserem Stadtteil. Ihr Kind lernt zusammen mit Kindern aus deutschen Familien schnell und gut Deutsch. Zum Beispiel in der Kinderkrippe, im Kindergarten oder im Hort.
Aber denken Sie daran: Man muss sich früh anmelden!

A

Sie sind hier: Familie > Kinder > Kinderbetreuung > *Beispiele aus unserem Stadtteil*

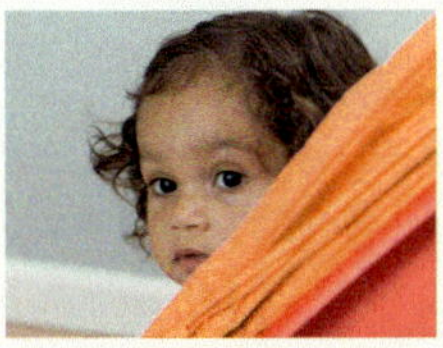

Bis drei Jahre
Tagesmutter oder Tagesvater
Infotelefon: 98 97 664
Kinderkrippe (AWO)
97 75 453

Ab drei Jahre bis zur Schule
Kindergarten „Regenbogen“
98 22 277
Kindertagesstätte „Die Igel“
97 85 521

Ab dem Schulalter
Mittagsbetreuung „St. Florian“
98 12 12 87
Hort in der Margaretenschule
97 56 566
Hausaufgabenbetreuung Peterle
98 98 146

B

1 Lesen Sie Text A und kreuzen Sie an.

a Was bedeutet „Kinderbetreuung“?
- ○ Das Kind ist in einem Stadtteil.
- ○ Das Kind ist in einer Kinderkrippe, in einem Kindergarten oder im Hort.

b Wo lernen Kinder gut Deutsch?
- ○ In einer Kinderkrippe oder im Kindergarten.
- ○ Zu Hause.

2 Lesen Sie Text B. Wer ruft wo an? Notieren Sie eine Telefonnummer.

a Alisa und ihr Mann arbeiten den ganzen Tag. Ihr Sohn ist ein Jahr alt. Sie haben keinen Platz in der Kinderkrippe bekommen. 9897664

b Nanas Tochter Anna (15) findet Hausaufgaben oft sehr schwierig. Nana kann Anna nicht helfen. ……………

c Kemal und Ayşe haben vier Kinder. Drei gehen schon in die Schule. Nur Ali (4) ist noch zu Hause. Er spricht noch nicht so gut Deutsch wie seine Geschwister. …………… oder ……………

Neue Kleider

1 Sehen Sie die Fotos an.

a Was meinen Sie? Kreuzen Sie an.

Foto 1 Wem ist kalt?
- ○ Lara
- ○ Tim

Foto 2 Wem ist jetzt kalt?
- ○ Lara
- ○ Tim
- ○ Ioanna

Foto 3 Wo sind die drei?
- ○ Im Kaufhaus.
- ○ Im Supermarkt.

Foto 4 Was wollen sie kaufen?
- ○ Eine Jacke für Lara.
- ○ Eine Jacke für Ioanna.

Foto 5 Wie gefallen Lara die Jacken?
- ○ sehr gut
- ○ nicht so gut

Foto 6 Wie findet Tim die Jacke?
- ○ super
- ○ nicht so toll

Foto 7 Was denken Tim und Ioanna?
- ○ Sie sind erstaunt.
- ○ Sie sind sauer.

Foto 8 Was kauft Lara?
- ○ den Mantel
- ○ eine Regenjacke

5 ▶ 1–8 **b** Hören Sie und vergleichen Sie.

2 Lesen Sie und ergänzen Sie.

Heute ist es kalt. Lara, Tim und Ioanna wollen eine .... für Lara ....
Sie fahren in die Stadt. Ioanna findet eine Jacke für Lara.
Lara sagt: Die Jacke ist zu weit.
Auch Tim findet eine Jacke für Lara. Aber Lara findet die Jacke zu dünn und auch nicht schön. Zum Schluss kauft Lara allein einen blauen ....

5 ▶ 1–8 **3 Hören Sie noch einmal und vergleichen Sie.**

4 Ihre Lieblingsjacke / Ihr Lieblingsmantel

Zeigen Sie ein Foto.

- Das ist meine Lieblingsjacke.
- Sie sieht toll aus. Die Farbe ist schön!

Laras Film

A Sieh mal, Lara, **die Jacke** da! **Die** ist super!

A1 Laras Sachen

Wie heißen die Kleidungsstücke und Sachen? Ordnen Sie zu.

- ◯ • die Bluse
- ◯ • das T-Shirt
- ◯ • die Hose
- ◯ • der Mantel
- (1) • die Stiefel
- ◯ • der Pullover
- ◯ • die Jeans
- ◯ • das Tuch
- ◯ • die Jacke
- ◯ • die Schuhe
- ◯ • der Rock
- ◯ • das Kleid
- ◯ • der Gürtel
- ◯ • die Socke / • der Strumpf
- ◯ • der Schirm
- ◯ • die Sonnenbrille

A2 Wie gefallen Ihnen Laras Sachen?

5 ▶ 9 **a** Hören Sie die Gespräche und ergänzen Sie.

1

◆ Sieh mal, das Kleid. Das ist super.

○ Ja, ... ist wirklich schön.

2

◆ Wie findest du den Schirm?

○ .... finde ich nicht so toll.

3

◆ Und die Stiefel? Wie findest du die?

○ .... sind langweilig, oder?

4

◆ Die Hose ist ja toll!

○ Stimmt, ... sieht nicht schlecht aus.

• der Schirm	→ Der	
• das Kleid	→ Das	**ist** schön.
• die Hose	→ Die	
• die Stiefel	→ Die	**sind** schön.

• den Schirm	→ Den	
• das Kleid	→ Das	**finde ich** super.
• die Hose	→ Die	
• die Stiefel	→ Die	

b Sprechen Sie mit Ihrer Partnerin / Ihrem Partner wie in a.

Aki, wie findest du das T-Shirt?

Das finde ich toll.

B Die Jacke passt **dir** perfekt.

B1 Mir gefällt sie sehr gut.

5 ▶ 10 **a** Hören Sie und lesen Sie.

- ◆ Toll, die Jacke passt dir perfekt.
- ○ Wirklich? Tim, was meinst du?
- ▲ Hm, ich weiß nicht, die ist doch zu groß.
- ◆ Also, mir gefällt sie sehr gut.
- ○ Aber sie ist wirklich etwas weit, oder?
- ▲ Mir gefällt sie nicht.

b Ergänzen Sie.

		.... (ich)
		.... (du)
● Die Jacke	gefällt/passt	ihm/ihr. (er/sie)
● Die Jacken	gefallen/passen	uns. (wir)
		euch. (ihr)
		ihnen/Ihnen. (sie/Sie)

5 ▶ 11 – 12 B2 Ordnen Sie zu. Hören Sie dann und vergleichen Sie.

dir ~~ihr~~ ihm ihr dir ihm

a

- ◆ Wie gefällt .... Susannes Rock?
- ○ Ich finde, der passt *ihr* sehr gut.
- ◆ Und wie findest du ihre Brille?
- ○ Hm, die ist doch viel zu groß.
- ◆ Ich finde, die steht .... sehr gut.

Susanne

Die Brille	steht	ihr	sehr gut.

b

- ▲ Wie gefällt .... denn Jans Mantel?
- □ Super! Der steht .... richtig gut!
  Und wie findest du die Hose?
- ▲ Hm, die passt .... nicht richtig, finde ich.

Jan

B3 Im Kurs: Machen Sie Komplimente.

Mir gefällt Ihr Pullover. Der steht Ihnen sehr gut!

Oh, danke!

Deine Schuhe gefallen mir sehr gut. Die Farbe ist auch sehr schön!

Der ... Das ... Die ...	steht passt	Ihnen dir	sehr gut! gut.

Mir	gefällt/ gefallen	Ihr/e ... dein/e ...

C Und hier: Die ist noch **besser**.

5 ▶ 13 **C1 Hören Sie und ordnen Sie zu.**

am besten ~~gut~~ besser

◆ Ein Mantel? Schade ... Wir haben super Jacken gefunden.
○ Ja, genau!
◆ Hier, die ist doch richtig gut, oder?
○ Und hier, die ist noch ______________.
▲ Ja, das kann schon sein. Aber mein Mantel, der steht mir ______________!

C2 *am besten – am liebsten – am meisten*

a Lesen Sie Laras Text und antworten Sie.

1 Was kann Lara am besten? *Gitarre spielen.*
2 Was mag Lara am liebsten?
3 Mit wem macht Lara in ihrer Freizeit am meisten?

☺	☺☺	☺☺☺
gut	besser	am besten

Meine Superlative

Das kann ich am besten!

☺ tanzen
☺☺ singen
☺☺☺ Gitarre spielen

Das mag ich am liebsten!

☺ Bratwurst
☺☺ Spaghetti
☺☺☺ Schokolade

In der Freizeit mache ich am meisten mit ...!

♥ meinem „Opa“ Walter
♥♥ meiner Freundin Ioanna
♥♥♥ meinem Freund Tim

b Schreiben Sie neun Sätze.

Lara kann gut tanzen.
Sie kann besser singen.
Am besten kann sie ...
Lara macht in der Freizeit viel mit ihrem „Opa“ Walter.
...

ich	mag
du	magst
er/sie	mag

☺	☺☺	☺☺☺
gern	lieber	am liebsten
viel	mehr	am meisten

C3 Galerie (der Superlative)

Machen Sie ein Plakat wie in C2. Hängen Sie alle Plakate auf und präsentieren Sie Ihr Plakat.

Also, ich kann gut schwimmen. Fahrrad fahren kann ich besser. Und am besten kann ich Fußball spielen.

Das kann ich am besten!
☺ schwimmen
☺☺ Fahrrad fahren
...

D Welche meinst du? – Na, diese.

5 ▸ 14 D1 Hören Sie und lesen Sie das Gespräch.

◆ Da, sieh mal! Die Jacke gefällt ihr sicher.
○ Welche denn? Welche meinst du?
◆ Na, diese.
○ Soll das ein Witz sein? Die ist ja total langweilig.

● Welcher Mantel		Dieser.
● Welches T-Shirt	gefällt dir/ihr/ ...?	Dieses.
● Welche Jacke		Diese.
● Welche Schuhe	gefallen dir/ihr/... ?	Diese.

D2 Was gehört wem?

Familie Kerner hat viele Sachen. Aber was gehört wem? Was meinen Sie?
Zeigen Sie und sprechen Sie mit Ihrer Partnerin / Ihrem Partner.

Thomas Sonja Tina Tom

a ◆ Was meinst du? Welcher Koffer gehört Tom?
○ Ich glaube, dieser hier. 

b ◆ Ich glaube, diese Schuhe gehören Sonja.
○ Nein, das glaube ich nicht. Ich glaube, diese hier gehören Tina. 

D3 Schreiben Sie fünf Fragen und fragen Sie Ihre Partnerin / Ihren Partner.

● Film ● Musik ● Essen ● Stadt ● Wochentag ● Land ● Tier
● Stadtviertel ● Schauspieler ● Musiker ● Getränk ● Blume ...

Welcher Welches Welche	Film Essen Stadt	gefällt schmeckt gefällt	dir am besten?

Welches Essen schmeckt dir am besten?
Welche Stadt gefällt dir am besten?

E Im Kaufhaus

E1 Viele Fragen an der Information: *Entschuldigung, wo gibt es …?*

WESERGALERIE		
Untergeschoss	Erdgeschoss	Obergeschoss
Sport	Drogerie / Kosmetik	Herrenmode
Fahrräder	Uhren und Schmuck	Kindermode
Elektrogeräte	Bücher / Zeitschriften / Schreibwaren	Damen-, Herren- und Kinderschuhe
Lampen	Taschen	Spielwaren
Glas und Geschirr	Damenmode	Bad & Wellness
Bettwaren	Young Fashion Damen	Eingang Weser-Restaurant

a Was antwortet die Frau an der Information? Notieren Sie die Antworten.

1 Entschuldigen Sie bitte, ich suche Stiefel. Wo gibt es die? Wissen Sie das vielleicht?
2 Entschuldigung. Ich brauche Papier für meinen Drucker.
3 Ich möchte einen Fußball für meinen Sohn kaufen. Wo finde ich den?
4 Wo gibt es Spiele für Jugendliche? Wissen Sie das?
5 Ich finde die Kinderkleidung nicht.

1 Da müssen Sie ins Obergeschoss gehen.

Da müssen Sie ins Erdgeschoss / … gehen.
Den/Das/Die gibt es im Untergeschoss / …

b Was möchten Sie kaufen? Notieren Sie vier Sachen.

Seife
Zahnbürste
Zahnpasta
Sportschuhe

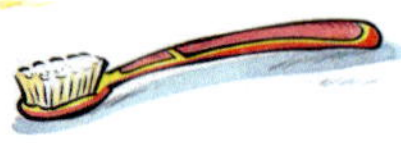

c Spielen Sie Gespräche an der Information.

◆ Entschuldigung, ich brauche …
◆ Entschuldigen Sie, ich finde … nicht.
◆ Wo finde ich …?

○ Da müssen Sie ins … gehen. Dort gibt es …

◆ Oh, vielen Dank!

○ Sehr gern! Und einen schönen Tag noch.

◆ Ihnen auch! Auf Wiedersehen.

○ Auf Wiedersehen.

5 ▶ 15–17 E2 Gespräche im Kaufhaus

Hören Sie und lesen Sie die Gespräche. Ordnen Sie dann zu.

A

B

C

Bild	Gespräch
A	
B	
C	

1
- ◆ Entschuldigung, können Sie mir bitte helfen?
- ○ Ja, natürlich.
- ◆ Das Hemd passt mir nicht. Es ist zu klein. Haben Sie dieses Hemd auch in Größe 52?
- ○ Ja, einen Moment, bitte. ... Hier bitte.
- ◆ Vielen Dank. Ah, ja, sehr gut. Das passt.

zu klein | zu groß

2
- ▲ Haben Sie diesen Anzug auch in Grün?
- ○ Ja, Moment ... hier, sehen Sie mal.
- ▲ Hm, welchen Anzug soll ich nehmen? Diesen hier?
- ○ Ich finde, Blau steht Ihnen besser.
- ▲ Aber ich nehme ihn in Grün.
- ○ Gern.

3
- □ Was meinen Sie? Ist die Hose nicht zu lang?
- ○ Nein, Sie haben keine Schuhe an. Mit Schuhen ist sie genau richtig.
- □ Wirklich? Na gut. Dann nehme ich diese Hose. Wo ist denn die Kasse bitte?
- ○ Gleich da vorn.

Welchen ● Anzug	
Welches ● Hemd	soll ich nehmen?
Welche ● Hose	

	diesen ● Anzug
Ich nehme	dieses ● Hemd.
	diese ● Hose.

E3 Schreiben Sie Gespräche wie in E2 und spielen Sie.

A

Die Hose ist zu eng. Sie brauchen die Hose in Größe M.

B

Sie wollen ein Kleid kaufen. Ihre Lieblingsfarbe ist Gelb.

C

Sie sind nicht sicher: Ist der Rock zu lang?

1 Demonstrativpronomen: *der, das, die* ÜG 3.04

Nominativ		
● der Schirm	→ Der	ist schön.
● das Kleid	→ Das	
● die Hose	→ Die	
● die Stiefel	→ Die	sind schön.

Akkusativ	
● Den	finde ich super.
● Das	
● Die	
● Die	

2 Frageartikel: *welcher?* – Demonstrativpronomen: *dieser* ÜG 3.04

Nominativ	
● Welcher Mantel ...?	Dieser.
● Welches T-Shirt ...?	Dieses.
● Welche Jacke ...?	Diese.
● Welche Schuhe ...?	Diese.

Akkusativ	
● Welchen Anzug ...?	Diesen.
● Welches Hemd ...?	Dieses.
● Welche Hose ...?	Diese.
● Welche Schuhe ...?	Diese.

3 Personalpronomen im Dativ ÜG 3.01

Nominativ	Dativ	Nominativ	Dativ
ich	mir	wir	uns
du	dir	ihr	euch
er/es	ihm	sie/Sie	ihnen/Ihnen
sie	ihr		

Schreiben Sie Fragen und Antworten wie im Beispiel.

Gehört euch die Tasche?
Ja, die gehört uns.

4 Verben mit Dativ ÜG 5.21

Wem gefällt der Mantel?	Der Mantel gefällt mir.
Wem steht das Hemd?	Das Hemd steht dir.

auch so: gehören, passen, schmecken

5 Komparation: *gut, gern, viel* ÜG 4.04

Positiv ☺	Komparativ ☺☺	Superlativ ☺☺☺
gut	besser	am besten
gern	lieber	am liebsten
viel	mehr	am meisten

Schreiben Sie.

Wer in Ihrer Familie / von Ihren Freunden isst viel, wer mehr, wer am meisten?

Meine Mutter isst nicht viel, ...

6 Verb: Konjugation *mögen* ÜG 5.01

ich	mag	wir	mögen
du	magst	ihr	mögt
er/sie	mag	sie/Sie	mögen

Etwas bewerten: Die Jacke passt dir perfekt.
Die Jacke ist schön/super/toll/...
Die Schuhe sind nicht schlecht./viel zu groß./...
Der Pullover gefällt/passt/steht mir/dir super/sehr gut/...
Die Schuhe gefallen/passen/stehen Ihnen (nicht) gut/perfekt/...

Vorlieben: Mir gefällt das Hemd.	
Mir gefällt/schmeckt ... (nicht).	
Mir gefallen/schmecken ...	
Mir gefällt/Ich finde/Mir steht ... gut/besser/am besten.	
Lara mag ... gern/lieber/am liebsten.	
Wie findest du den/das/die ...?	Den/Das/Die finde ich ...
Wie gefällt dir ...?	
Welcher .../Welches .../Welche ... gefällt/schmeckt dir am besten?	Dieser./Dieses./Diese.

Im Kaufhaus um Informationen bitten: Entschuldigen Sie bitte, ich suche Stiefel.
Entschuldigen Sie bitte, ich suche Stiefel. Wo gibt es die?
Entschuldigen Sie, ich finde ... nicht.
Entschuldigung, ich brauche ...
Wo finde ich ...?
Wo gibt es ... ?
Wissen Sie das vielleicht?

Im Kaufhaus Informationen geben: Da müssen Sie ins Erdgeschoss gehen.
Da müssen Sie ins Obergeschoss/Erdgeschoss/Untergeschoss gehen. Dort gibt es ...
Den/Das/Die gibt es im ...

Suchen Sie Fotos oder Bilder in den Lektionen. Wie finden Sie die Sachen/Leute? Schreiben Sie.

Die Jacke finde ich toll!

Sie möchten noch mehr üben?

5 | 18 – 20 AUDIO-TRAINING

VIDEO-TRAINING

HÖREN

Männer mögen Mode

5 ▶ 21–24 **1 Über wen sprechen die beiden Frauen? Hören Sie und ordnen Sie zu.**

Gespräch	1	2	3	4
Mann	D			

2 Welche Kleidung gefällt Ihnen am besten? Die von Model A, B, C oder D?
Stimmen Sie im Kurs ab.

	A	B	C	D
Punkte				

PROJEKT

Meine Topmodels

Wie sollen Ihre „Topmodels" aussehen?

Zeichnen Sie zwei Figuren. Welche Haarfarbe sollen sie haben? Und vor allem: Welche Kleider und Schuhe sollen sie anziehen? Sicher haben Sie schon eine Idee. Mit Bleistift und Buntstiften geht das eins, zwei, drei. Na dann los und viel Spaß!

Geben Sie dem Mann und der Frau einen Vornamen. Stellen Sie dann Ihr „Model" im Kurs vor. Sehen Sie am Schluss alle „Models" noch einmal an. Welches gefällt Ihnen am besten? Warum?

Das ist Orhan. Orhan mag am liebsten T-Shirts und Jeans. Und das ist seine Freundin Mia. Diese Bluse steht ihr besonders gut.

GEDICHT

Lesen Sie die „Elfchengedichte". Schreiben Sie dann selbst zwei Gedichte.

„Elfchengedichte"

STILL
DAS FEUERZEUG
WARTET UND WARTET
ICH HABE ES GESCHAFFT
NICHTRAUCHER!

KAPUTT
DIE BRILLE
AUF DEM BODEN
ICH BIN SCHON UNTERWEGS
OPTIKER

ALT
DIE SCHUHE
....
....
....

....
....
....
....
....

So schreibt man „Elfchengedichte":

1. Zeile (1 Wort): ....
2. Zeile (2 Wörter): ....
3. Zeile (3 Wörter): ....
4. Zeile (4 Wörter): ....
   ....
5. Zeile (1 Wort): ....

Feste

1

2

5

6

1 Sehen Sie die Fotos an.

a Was meinen Sie? Kreuzen Sie an.

Foto 1 Wer hat Geburtstag?
- ○ Walter
- ○ Lara

Foto 2 Wer hat Walter die Hausschuhe geschenkt?
- ○ Lili
- ○ Lara

Foto 3 Was sagt Tim?
- ○ Guten Appetit!
- ○ Alles Gute zum Geburtstag!

Foto 4 Wer schenkt den Hula-Hoop-Reifen?
- ○ Lili
- ○ Tim

Foto 5 Warum sehen alle so traurig aus?
- ○ Lara hat Bauchschmerzen.
- ○ Lara fährt nach Hause.

Foto 6 Warum lachen alle?
- ○ Lili sagt: Lara ist meine Schwester.
- ○ Lili sagt: Opa ist der Beste!

Foto 7 Was erzählt Tim?
- ○ Er hat eine Arbeitsstelle gefunden.
- ○ Er macht noch einen Deutschkurs.

5 ▶ 25 – 32 b Hören Sie und vergleichen Sie.

5 ▶ 29 – 32 **2 Was ist richtig? Hören Sie noch einmal und umkreisen Sie.**

a Die Freunde feiern heute nicht nur Geburtstag. Sie feiern auch
Abschied: Lara und Tim fahren bald nach Hause. Sofias neue Arbeitsstelle.

b Für Walter ist Lara wie eine Schwester. Tochter.

c Tim beginnt eine Ausbildung in Kanada.
arbeitet bald in einem G&H-Hotel.

3 Ende gut, alles gut

Was machen Sie nach dem Deutschkurs? Wissen Sie das schon? Erzählen Sie.

Ich mache noch einen Deutschkurs.

Ich suche einen Job und eine Wohnung.

Ich habe einen Job in einem Restaurant gefunden.

Laras Film

A Am **fünfzehnten** Januar fange ich an.

A1 Wann ist das?

a Was ist richtig? Verbinden Sie.

1 Heute
2 Nächste Woche
3 Am dreißigsten November
4 Am fünfzehnten Januar

a fängt Tim mit der Arbeit an.
b endet der Deutschkurs.
c ist Walters Geburtstag.
d fährt Lara nach Hause.

5 ▶ 33 **b** Hören Sie und vergleichen Sie.

c Ergänzen Sie die fehlenden Monate.

....	April	Juli	Oktober
Februar	Mai	August	....
März	Juni	September	Dezember

A2 Wann haben Sie Geburtstag?

a Notieren Sie Ihren Geburtstag.

30. Oktober

b Sprechen Sie zu dritt: Wer hat wann Geburtstag?

◆ Wann hast du Geburtstag?
○ Ich habe am dreißigsten Oktober Geburtstag. Und du?
◆ Am fünfzehnten Februar. Und wann bist du geboren, Semir?
▲ Ich bin am einundzwanzigsten September geboren.

c Machen Sie eine Geburtstagsschlange im Kurs.

Wann?			
1. – 19.			
am	ersten	Januar	am ... -ten
	zweiten	Februar	
	dritten	März	
	vierten	...	
	fünften		
	sechsten		
	siebten		
	...		
	fünfzehnten		
ab 20.			
am	zwanzigsten	Januar	am ... -sten
	dreißigsten	...	
	...		

A3 Feste und Feiertage

Lesen Sie die Texte. Was ist richtig? Kreuzen Sie an.

Schenken Sie Blumen!

Nicht vergessen: Am 14. Februar ist Valentinstag.

Blumenstube Inge

A

Karneval – Hier finden Sie alle Infos und Veranstaltungen zur fünften Jahreszeit in Mainz! Die letzten sechs Karnevalstage sind in diesem Jahr vom 12. Februar bis zum 17. Februar.

B

UMFRAGE

Der 1. Mai heißt auch „Tag der Arbeit“. Aber wir müssen nicht arbeiten. Machen Sie mit und schreiben Sie: Was machen Sie an diesem Feiertag?

C

A ○ Am 14. Februar soll man Blumen kaufen.
B ○ Der Karneval dauert bis zum 12. Februar.
C ○ Der 1. Mai ist in Deutschland kein Arbeitstag.

der	erste	Mai
	zweite	…
	dritte	
	zwanzigste	
	…	

Wann?				
vom	ersten	bis zum	zweiten	Februar
	dritten		vierten	
	zwölften		…	
	…			

A4 Feiertage in Ihrem Heimatland

a Ergänzen Sie.

Bei uns .... (Land) ist .... (Name Feiertag) ein Feiertag. Wir feiern dann vom .... bis zum .... /am .... (Datum). Und der .... (Datum) ist auch ein Feiertag: .... (Name Feiertag).

b Sprechen Sie zu dritt: Welchen Feiertag mögen Sie am liebsten? Wann ist dieser Feiertag?

Ich komme aus der Türkei. Dort feiert man das Zuckerfest. Das ist immer nach dem Ramadan. Dieses Jahr ist das Zuckerfest vom 25. bis 27. Juli.

c Machen Sie eine Tabelle und stellen Sie dem Kurs „Ihre“ Feiertage vor.

Land	Feiertag	Datum
Türkei	Zuckerfest	25. – 27. Juli

B Ich habe **dich** sehr lieb, Opa.

B1 Ich habe dich sehr lieb!

5 ▶ 34–35 **a** Hören Sie und lesen Sie.

A

- ◆ Ich habe dich sehr lieb, Opa.
- ○ Ich dich auch.

B

- ○ Für uns gehörst du nun zur Familie. Du bist wie eine zweite Tochter für mich.
- ▲ Ach, Walter, das ist so lieb.

b Ergänzen Sie.

ich	mich	wir	______
du	______	ihr	euch
er/es/sie	ihn/es/sie	sie/Sie	sie/Sie

B2 Ergänzen Sie die Nachrichten.

A

Du, Andrej hat morgen Geburtstag. Wir brauchen ein Geschenk für ihn. Hast du eine Idee?

Er liest gern. Wir können ein Buch kaufen.

Okay. Kaufst du ______?

Ja, gut.

Danke, ich liebe ______. ♥

B

Hallo Rike, wann besuchst du ______ mal wieder?

Hallo Mama, hallo Papa, ich besuche ______ am Sonntag. Okay?

Prima. Deine Schwester kommt auch.

Wirklich? Wunderbar! Ich habe ______ schon seit Wochen nicht gesehen.

B3 Alles schon erledigt! Spielen Sie Gespräche.

- ◆ Du, ich muss noch den Tisch decken.
- ○ Ich habe ihn schon gedeckt.
- ◆ Oh, super! Aber wir müssen noch ...

● die Getränke kaufen ● die Pizza backen 
● den Salat machen ● den Nachtisch machen
● das Bad putzen  schnell ● die Bluse waschen

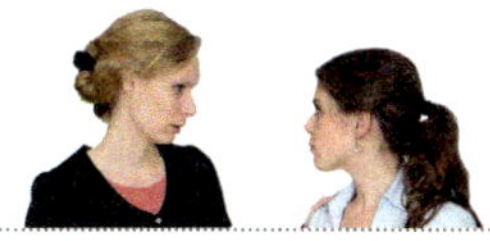

C1 Lara und Tim organisieren eine Kurs-Abschiedsfeier.

a Lesen Sie den Text. Wer kommt? Umkreisen Sie.

Ioanna | Maria Reimann | Eduardo | Sibel | Pawel

Liebe Kurskolleginnen und Kurskollegen, liebe Frau Reimann!
Wir möchten gern mit euch Abschied feiern, denn nächste Woche endet unser Deutschkurs.

Wann: Am Freitag, den 28. November ab 18:30 Uhr
Wo: In der Parkbar

Bitte antwortet bis 25. November.
Lara und Tim

Ioanna: Super Idee. Ich komme gern!

Maria Reimann: Liebe Lara, lieber Tim! Vielen Dank für die Einladung. Leider kann ich nicht kommen, denn ich habe am Abend noch einen Kurs.

Eduardo: Ich kann leider nicht mitkommen, denn mein Flug nach Hause geht schon am Freitagmittag. Schade!

Sibel: Tut mir leid, aber ich habe keine Zeit. Ich bin Krankenschwester und am Freitag habe ich Nachtschicht.

Pawel: Danke für die Einladung! Ich bin dabei. Bis morgen im Kurs.

b Warum kommen die Personen nicht? Markieren Sie in a und schreiben Sie.

1 Maria kommt nicht, denn sie ....

2 .... kommt nicht, denn sein ....
....

3 .... kommt nicht, denn sie ....
....

Maria kommt nicht. Sie hat am Abend noch einen Kurs.
Maria kommt nicht, **denn** sie hat am Abend noch einen Kurs.

C2 Warum können Sie nicht zur Abschiedsfeier kommen?

Schreiben Sie eine Nachricht an Lara und Tim. Tauschen Sie die Nachricht dann mit Ihrer Partnerin / Ihrem Partner. Sie/Er korrigiert.

Liebe Lara, lieber Tim,
leider kann ich nicht kommen, denn ...
Viele Grüße
...

D Einladung

D1 Lesen Sie die Einladung und antworten Sie auf die Fragen.

a Wie alt wird Lisa?
b Wo feiert sie?
c Wann feiert sie?

Lisa wird ...

Liebe Vanessa,

am Donnerstag werde ich **30.**
Das möchte ich gern feiern!
Ich lade Dich zu meiner Party ein.
Kannst Du kommen?
Hoffentlich!
Viele Grüße

Lisa

Wann: Samstag, 19. August, ab 19 Uhr
Wo: Lessingstr. 38
Mitbringen: gute Laune

ich	werde	
du	wirst	30
er/sie	wird	

D2 Schreiben Sie eine Einladung.

a Machen Sie Notizen.

1 Was feiern Sie?
2 Wann feiern Sie? (Datum, Uhrzeit)
3 Wo feiern Sie?

1 Grillfest
2 27. Juli, 20 Uhr
3 im Sommerpark

b Schreiben Sie nun eine Einladung. Bitten Sie auch um Antwort. Welche Sätze möchten Sie verwenden? Markieren Sie und schreiben Sie dann den Text.

Anrede	Liebe ...,/Lieber ...,
Einladung	Ich habe Geburtstag. Am ... werde ich ... (Jahre alt). Das möchte ich gern feiern! Ich möchte meinen Geburtstag feiern. Ich möchte ein Grillfest machen. Ich möchte Abschied feiern, denn ... Ich lade Dich zu meiner ... Party ein.
Zeit/Ort	Wann: ... Wo: ...
Frage/Bitte	Kommst Du? Kannst Du kommen? Hoffentlich! Bitte antworte bis ...
Gruß	Liebe Grüße | Viele Grüße | Herzliche Grüße

Lieber Asim,
ich möchte ein
Grillfest ...

E1 Was passt zu den Festen?

Ordnen Sie zu.

A
● das Feuerwerk

C
● der Weihnachtsmann

E
● der Weihnachtsbaum

B
● die Ostereier

D
● der Osterhase

	Foto
Ostern	B,
Weihnachten	
Silvester/Neujahr	

E2 Welche Glückwünsche passen?

Sehen Sie die Karten an und ordnen Sie zu.

A

B

C

D

1 ◯ Frohe Ostern!
2 ◯ Wir gratulieren zur Hochzeit!
3 (D) Frohe Weihnachten!
4 ◯ Ein gutes neues Jahr!

E3 Spiel: Gratulationen und Wünsche

a Jede/r schreibt ein Wort auf einen Zettel.

Hochzeit | Weihnachten | Ostern | Geburtstag | krank | Prüfung bestanden | bald Urlaub | Führerschein gemacht | bald Prüfung | ...

b Heften Sie den Zettel an Ihre Jacke oder Ihren Pullover.
Kursspaziergang: Was sagen Sie? Die Ausdrücke unten und in E2 helfen Ihnen.

Herzlichen Glückwunsch | Frohe ... | Viel Glück / Erfolg bei / für / mit ... | Viel Spaß bei / mit | Schöne(n) ... | Gute Besserung | Alles Gute | ...

1 Ordinalzahlen: Datum ÜG 8.01

1. – 19. → -te		ab 20. → -ste	
1.	der erste	20.	der zwanzigste
2.	der zweite	21.	der einundzwanzigste
3.	der dritte	...	
4.	der vierte		
5.	der fünfte		
6.	der sechste		
7.	der siebte		
...			
Wann?			
Am zweiten Mai.			
Vom zweiten bis (zum) zwanzigsten Mai.			

Welche drei Tage in Ihrem Leben sind besonders wichtig für Sie? Schreiben Sie.

Der dreizehnte Juli ist wichtig für mich. Da habe ich meinen Mann kennengelernt. ...

2 Personalpronomen im Akkusativ ÜG 3.01

Nominativ	Akkusativ	Nominativ	Akkusativ
ich	mich	wir	uns
du	dich	ihr	euch
er/es/sie	ihn/es/sie	sie/Sie	sie/Sie

Wer?		Wen oder was?
Ich	liebe	dich.

3 Konjunktion: *denn* ÜG 10.04

Maria kommt nicht. Sie hat am Abend noch einen Kurs.
Maria kommt nicht, denn sie hat am Abend noch einen Kurs.

4 Verb: Konjugation ÜG 5.16

	werden
ich	werde
du	wirst
er/sie	wird
wir	werden
ihr	werdet
sie/Sie	werden

Wie alt wird Ihre Familie in diesem Jahr? Schreiben Sie und rechnen Sie.

Meine Mutter wird ....

Meine Oma wird ....

....

....

Zusammen werden wir .... Jahre alt.

Über Jahrestage sprechen: Wann hast du Geburtstag?	
Wann hast du Geburtstag?	Ich habe am 30. Oktober Geburtstag.
Wann bist du geboren?	Ich bin am 21. September geboren.

Glückwünsche und Wünsche: Alles Gute!
Alles Gute (zum Geburtstag). Herzlichen Glückwunsch (zum Geburtstag / ...)
Ich gratuliere / Wir gratulieren zur Hochzeit. / zur ... / zum ...
Viel Glück / Erfolg bei / für / mit ... / Viel Spaß bei / mit ...
Schöne(n) ...
Frohe Ostern!
Frohe Weihnachten!
(Ein) Gutes neues Jahr!
Gute Besserung!

Briefe/E-Mails schreiben: Liebe Vanessa, ...
Liebe .../Lieber ...,
Liebe/Viele/Herzliche Grüße

Einladen: Ich lade dich ein.
Ich habe Geburtstag. | Am ... werde ich ... (Jahre alt). Das möchte ich gern feiern!
Ich möchte meinen Geburtstag feiern. | Ich möchte ein Grillfest machen. | Ich möchte Abschied feiern, denn ... | Ich lade dich zu meiner ... Party ein.
Kommst du? Kannst du kommen? Hoffentlich!
Bitte antworte bis ...

Sie machen eine Silvesterparty. Schreiben Sie eine Einladung.

Liebe Caro,
ich möchte eine Silvesterparty machen ...

Zusagen: Ich komme gern!
Vielen Dank / Danke für die Einladung. | Ich komme gern!

Absagen: Leider kann ich nicht kommen.
Leider kann ich nicht kommen. | Ich kann leider nicht (mit)kommen. | Tut mir leid, aber ich habe keine Zeit.

Sie möchten noch mehr üben?

5 | 36 – 38 AUDIO-TRAINING

VIDEO-TRAINING

LESEN

Mein Lieblingsfest

1 Was ist ihr/sein Lieblingsfest? Lesen Sie die Texte und verbinden Sie.

a Mia — 3
b Vladimir
c Pinar

1 Silvester/Neujahr/Weihnachten
2 Zuckerfest
3 Ostern

Mein Lieblingsfest

1
MIA, 7

Mein Lieblingsfest ist Ostern. Am Ostersonntag machen wir immer ein super Osterfrühstück. Da gibt es Osterfladen[1] und Osterschinken und natürlich bunte Ostereier. Wir machen dann immer das Spiel „Eiertitschen". Jeder bekommt ein Osterei und dann schlägt man die Eier gegeneinander: Peng, peng, peng![2] Sind am Ende alle anderen Eier kaputt und nur dein Ei nicht? Dann hast du gewonnen![3] Nach dem Frühstück gehen wir in den Garten und suchen unsere Ostereier. Oma sagt: Die hat der Osterhase versteckt. Aber das glaube ich nicht.

1

2

3

2
VLADIMIR, 26

Mein Lieblingsfest? Silvester und Weihnachten finde ich sehr schön. Bei uns Russen ist Weihnachten am 7. Januar. So etwas wie Weihnachtsbäume haben wir auch. Für uns sind das aber „Neujahrsbäume". Geschenke für alle gibt es bei uns am 31. Dezember. Da feiern wir das Jahresende und wünschen Glück für das neue Jahr. An Weihnachten (7. Januar) bekommen dann nur die Kinder noch einmal Geschenke. Einen Weihnachtsmann haben wir nicht. Bei uns gibt es „Väterchen Frost" und seine Enkelin „Snegurotschka"[4].

4

3
PINAR, 38

Mein Lieblingsfest in „Şeker Bayramı", das ist Türkisch und heißt „Zuckerfest". Im Fastenmonat „Ramadan" dürfen Muslime nur in der Nacht essen und trinken. Das Zuckerfest beginnt am ersten Tag nach dem Ramadan und dauert drei Tage. Alle sind fröhlich[5]. Man zieht sich schön an und macht Besuche bei der Familie und bei Freunden. Man kocht, backt und isst zusammen. Die Kinder bekommen Geschenke und Süßigkeiten.

5

2 **Lesen Sie noch einmal. Richtig oder falsch? Kreuzen Sie an.**

	richtig	falsch
1 In Mias Familie gibt es an Ostern kein Frühstück.	○	○
2 Die Familie spielt ein Ostereier-Spiel.	○	○
3 Nach dem Frühstück sucht Mia im Garten den Osterhasen.	○	○

	richtig	falsch
1 In Russland feiert man Weihnachten Anfang Januar.	○	○
2 An Weihnachten bekommen die Kinder noch einmal Geschenke.	○	○
3 Es gibt keinen Weihnachtsmann.	○	○

	richtig	falsch
1 Das Zuckerfest beginnt nach dem Ramadan.	○	○
2 Das Zuckerfest dauert drei Wochen.	○	○
3 Die Kinder bekommen Zucker.	○	○

PROJEKT

Juhu! Fertig mit A1!

Der A1-Deutschkurs ist nun fast zu Ende. Gemeinsam haben Sie viel gelernt und bald kommt etwas Neues, zum Beispiel der A2-Kurs? Aber vorher wollen Sie sicher noch einmal zusammen auf Ihre „A1-Zeit" zurückschauen. Hier sind zwei Ideen. Wählen Sie eine Idee. Arbeiten Sie zu zweit oder in Gruppen. Haben Sie eigene Ideen? Nur zu! Wir, das „Schritt für Schritt in Alltag und Beruf-Team", sagen „Dankeschön für Ihre Mitarbeit!" und wünschen Ihnen viel Spaß und Erfolg beim „Weitermachen".

Idee 1:

Eine Wandzeitung mit Lieblingswörtern von allen Kursteilnehmern

a Sammeln Sie das deutsche Lieblingswort von jedem Kursteilnehmer und machen Sie damit eine Wandzeitung oder eine Computer-Präsentation.

b Stellen Sie das Ergebnis im Kurs vor.

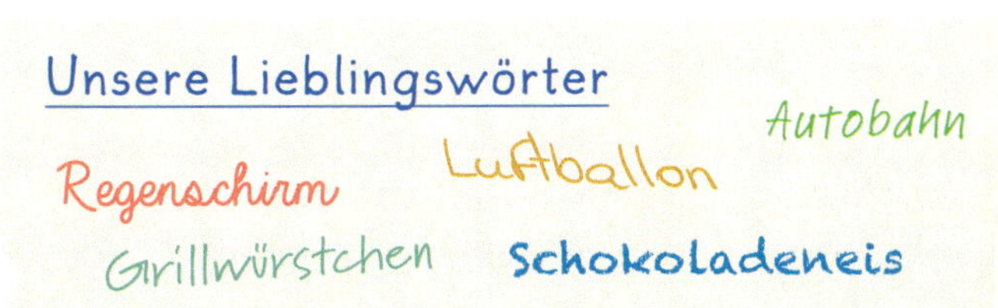

Idee 2:

Eine Präsentation mit Fotos von den Kursteilnehmern

a Sammeln Sie Fotos von allen Kursteilnehmern und machen Sie damit eine Wandzeitung oder eine Computer-Präsentation.

b Stellen Sie das Ergebnis im Kurs vor und ergänzen Sie gemeinsam die Informationen zu den Fotos (Name, Hobbys usw.).

Arbeitsbuch

A Ich bin **Physiotherapeutin**.

A2 **1 Wer arbeitet wo? Verbinden Sie.**

a Ärztin	1 Wohnhaus
b Hausmeister	2 Schule
c Arzthelferin	3 Zeitung
d Journalistin	4 Praxis
e Lehrer	5 Krankenhaus

A2 **2 Berufe: Bilden Sie Wörter, ordnen Sie zu und ergänzen Sie.**

Ärz Haus Haus Jour ~~Kran~~ Leh Me Po cha frau ~~ger~~ ~~ken~~ ker li list meis na ni ~~pfle~~ rer ter tin tin tro zis

• der	• die	• der	• die
Krankenpfleger	Krankenpflegerin		

A3 **3 Korrigieren Sie die Wörter.**

richtig schreiben

a Lerer Lehrer
b Hausmaister
c Arztin
d Mekatroniker
e Krankenpleger
f Jornalistin

A3 **4 Ordnen Sie zu.**

Ich arbeite bei Dr. Lehmann. Nein, ich arbeite als Maler. ~~Ich bin Arzthelferin.~~ Nein, ich arbeite bei „Kilian Hausbau".

a
◆ Was sind Sie von Beruf?
○ Ich bin Arzthelferin.
◆ Und wo arbeiten Sie?
○

b
◆ Arbeiten Sie bei „Kilian Hausmeister"?
○
◆ Als Maurer?
○

B Wann hast du die Ausbildung gemacht?

B1 **5 Verbinden Sie.**

a Seit wann machen Sie die Ausbildung? — 2
b Wann haben Sie die Ausbildung gemacht?
c Wie lange hat die Ausbildung gedauert?
d Seit wann sind Sie schon selbstständig?

1 Zwei Jahre.
2 Seit zwei Monaten.
3 Seit 2005.
4 Vor zehn Jahren.

B2 **6 Ergänzen Sie.**

a ◆ Wann sind Sie geboren? ○ 1985.
b ◆ .... sind Sie nach Deutschland gekommen? ○ Vor zehn Jahren.
c ◆ .... sind Sie von Beruf? ○ Ich bin Mechanikerin.
d ◆ .... / .... sind Sie schon arbeitslos? ○ Seit sechs Monaten.
e ◆ .... haben Sie als Hausmeister gearbeitet? ○ Acht Jahre.

B2 **7 Ergänzen Sie: *seit – vor*.**

Ich bin vor (a) sechs Jahren nach Deutschland gekommen. Zuerst habe ich in Dortmund gewohnt, aber .... (b) fünf Jahren lebe ich in Wolfsburg. Ich habe lange keine Arbeit gefunden. Aber .... (c) vier Jahren habe ich eine Ausbildung gemacht. Ich bin jetzt Mechatroniker. .... (d) zwei Jahren arbeite ich bei VW.

B2 **8 Was ist richtig? Umkreisen Sie.**

◆ Hast du Felix mal wieder gesehen? Was macht er?
○ Er ist vor acht Monate / acht Monaten aus Mexiko zurückgekommen – mit Rosa. Er und Rosa sind seit einem Jahr / ein Jahr verheiratet.
◆ Toll! Hast du Rosa denn auch schon getroffen?
○ Ja, vor einer Woche. / eine Woche.
◆ Spricht sie auch Deutsch?
○ Noch nicht so gut. Sie lernt erst seit ein Monat / einem Monat Deutsch.

B2 **9 Ergänzen Sie in der richtigen Form.**

a Mein Mann und ich haben vor drei Jahren (drei Jahre) geheiratet.
b Vor .... (zwei Jahre) sind wir aus Syrien gekommen.
c Zuerst haben wir .... (zwölf Monate) in Köln gelebt.
d Nun leben wir seit .... (ein Jahr) in Dortmund.
e Vor .... (drei Wochen) haben wir eine schöne Wohnung gefunden.
f Mein Mann arbeitet seit .... (sechs Monate) als Hausmeister.
g Ich suche seit .... (ein Jahr) eine Arbeit als Krankenpflegerin.

B2 10 Ordnen Sie zu.

Am | am | bis | im | um | ~~vor~~ | vor | seit | seit | von

a Elsa hat Markus vor einer Woche getroffen.
b Mariam macht .... zwei Monaten einen Deutschkurs.
c .... Freitag arbeite ich .... acht .... 14 Uhr.
d Wir besuchen meine Eltern .... Sommer.
e Ich kenne meinen Freund Paolo .... einer Woche.
Wir haben uns .... einer Woche im Deutschkurs getroffen.
f Können wir heute schon .... Vormittag einkaufen?
Ich möchte .... drei Uhr zu Hause sein und das Fußballspiel sehen.

B3 11 Verbinden Sie.

a Was sind — 5
b Ich mache
c Ich habe
d Ich bin bei
e Ich bin
f Ich arbeite

1 Riemer & Partner angestellt.
2 gerade nicht.
3 selbstständig.
4 eine Stelle als Physiotherapeut.
5 Sie von Beruf?
6 eine Ausbildung als Mechatroniker.

B4 12 Ordnen Sie zu.

Ich suche eine Stelle als Koch. | Ja, sehr. | Nein, ich bin gerade arbeitslos. | ~~Nein, ich bin selbstständig.~~ | Vor drei Jahren. | Ich bin Malerin.

a ◆ Was bist du von Beruf?
○ ....
b ◆ Bist du angestellt?
○ Nein, ich bin selbstständig.
c ◆ Macht deine Arbeit Spaß?
○ ....
d ◆ Wann hast du deine Ausbildung gemacht?
○ ....
e ○ Und du? Hast du einen Job?
◆ ....
f ○ Und als was möchtest du gern arbeiten?
◆ ....

B4 13 Richtig oder falsch? Lesen Sie und kreuzen Sie auf Seite 101 an.

Mein Name ist Milan Stojkovic. Ich bin in Serbien geboren. Vor fünf Jahren bin ich nach Berlin gekommen. Ich habe einen Deutschkurs gemacht. Dort habe ich Milla getroffen. Wir haben vor einem Jahr geheiratet. In Serbien habe ich als Maurer gearbeitet. In Berlin habe ich auch schnell Arbeit gefunden. Ich denke, viele Firmen suchen Maurer!

		richtig	falsch
a	Milan lebt seit fünf Jahren in Deutschland.	☒	○
b	Er ist verheiratet.	○	○
c	Er ist gerade arbeitslos.	○	○
d	Er sucht eine Stelle als Maurer.	○	○

B4 14 Schreiben Sie Sätze.

a Ich – Jelena – und – heiße – geboren – bin – in Moskau
Ich heiße Jelena und bin in Moskau geboren.

b von Beruf – bin – Journalistin – Ich

c lebe – Seit einem Jahr – in Hamburg – ich

d Deutsch – Ich – lerne – am Vormittag

e Am Nachmittag – ich – bei „Leser" – arbeite

B4 15 Wer sind Sie? Schreiben Sie.

Ihr Name? Ihr Heimatland?/Ihre Heimatstadt?
Ihr Beruf?/Ihre Ausbildung? Wie lange in Deutschland?

Mein Name ist

B4 16 *-r* und *-er*

2 ▶ 1 a Hören Sie und sprechen Sie nach.

Phonetik

1 aber – Beruf – gerade – verheiratet
2 Lehrer – Lehrerin | Mechatroniker – Mechatronikerin | Hausmeister – Hausmeisterin

2 ▶ 2 b Hören Sie noch einmal. Wo hören Sie *-r* nicht? Markieren Sie in a.

2 ▶ 3 c Hören Sie und sprechen Sie nach. Achten Sie auf *-er*.

1 Meine Mutter ist Lehrerin von Beruf.
2 Ich arbeite gerade nicht.
3 Zuerst habe ich als Hausmeister gearbeitet. Aber jetzt bin ich Mechatroniker.

2 ▶ 4 d Hören Sie und ergänzen Sie: *-r* oder *-er*.

1 Faisal ist K r ankenpfleg___ und a___beitet im K___ankenhaus.
2 Vo___ einem Monat haben meine F___au und ich gehei___atet.
3 Ich lebe seit d___ei Jah___en in Hannov___ und bin Mal___.

C **Hattest** du dann deine eigene Praxis?

C2 **17 Lesen Sie und markieren Sie.**
Ergänzen Sie dann die Tabellen.

Wieder-holung A1, L7

Mein erster Job

Vor einem Jahr bin ich nach Deutschland gekommen. Ich habe sechs Monate Deutsch gelernt und dann habe ich einen Job gesucht. Ich habe einen Job im Krankenhaus gefunden. Die Arbeit macht Spaß, aber leider arbeite ich oft am Wochenende. Aber am Samstag habe ich nicht gearbeitet. Ich bin mit Freunden nach Berlin gefahren. Wir sind auf eine Party gegangen. Ich habe bis drei Uhr getanzt! Und am Sonntag habe ich lange geschlafen.

lernen	habe gelernt
suchen	
finden	
arbeiten	
tanzen	
schlafen	

kommen	bin gekommen
fahren	
gehen	

C2 **18 Das Wochenende**

a Lesen Sie und markieren Sie die Formen von *haben* und *sein*.

- ◆ Wo wart ihr denn am Samstag?
- ○ Ich war zu Hause.
- ▲ Wir auch. Wir hatten Besuch. Meine Eltern waren da. Und du?
- □ Wir waren in Neustadt. Meine Söhne hatten dort ein Fußballspiel.
- ▲ Und wo warst du? Hattest du ein schönes Wochenende?
- ◆ Es geht. Ich hatte Bauchschmerzen und mein Mann war nicht da. Er hatte einen Termin.

b Ergänzen Sie die Tabelle.

	sein		haben	
ich	bin		habe	
du	bist		hast	
er/sie	ist		hat	
wir	sind		haben	
ihr	seid	wart	habt	hattet
sie/Sie	sind		haben	

C2 19 Was ist richtig? Umkreisen Sie.

a

- ◆ (Hattet) Wart ihr ein schönes Wochenende?
- ○ Ja, wir waren hatten auf der Party von Timo. Wo wart warst du, Sandra?
- ◆ Ich war hatte leider keine Zeit. Ich hatte war zu viel Arbeit.

b

- ◆ Wie waren war dein Job als Köchin bei „Appetito"?
- ○ Nicht besonders toll. Ich hattet hatte sehr viel Arbeit und manchmal auch sehr viel Stress. Aber meine Kollegin waren war sehr nett.
- ◆ Das ist gut. Ich habe als Kellnerin in einem Café gearbeitet. Und meine Kollegen waren war leider nicht sehr nett.

C2 20 Ordnen Sie zu.

~~ist~~ ist ist ist sind war war war war war waren wart Warst hatten hatte hatten Hattet

- ◆ Das ist meine Familie: Das .... meine Eltern, das .... meine Schwester, das .... mein Bruder und das .... Maria, meine Tochter.
- ○ Wann .... das?
- ◆ Das .... vor fünf Jahren. Meine Tochter .... da erst vier Jahre alt. Wir .... viel Spaß.
- ○ Und wo .... ihr da?
- ◆ Wir .... bei Freunden in Schweden.
- ○ Oh, schön! Und wie .... das Wetter? .... ihr viel Sonne?
- ◆ Ja, das Wetter .... super, wir .... viel Sonne. .... du schon einmal in Schweden?
- ○ Ja, aber ich .... viel Regen und keine Sonne.

C2 21 Was sagt Piotr? Ergänzen Sie *haben* oder *sein* in der richtigen Form.

Vor zwei Jahren bin ich nach Deutschland gekommen. Schnell hatte (a) ich einen Job. Die Arbeit .... (b) einfach. Aber meine Kollegen .... (c) nicht sehr nett. Und ich .... (d) keine Freunde. Das .... (e) nicht so schön. Aber dann bin ich in einen Deutschkurs gegangen. Dort .... (f) ich eine nette Lehrerin und ich habe Freunde gefunden. Am Wochenende .... (g) wir oft zusammen im Schwimmbad. Und am Abend haben wir zusammen gekocht und gegessen. Wir .... (h) richtig viel Spaß.

D Stellenanzeigen

D1 **22 Schreiben Sie. Beginnen Sie die Sätze mit den markierten Wörtern.**

Ich bin Luca Bianchi. Ich bin 29 Jahre alt und komme aus Italien. Ich bin Mechatroniker **von Beruf**. Ich war neun Monate arbeitslos **in Italien**. Ich bin **vor drei Monaten** nach Deutschland gekommen. Ich habe einen Job als Fahrer gefunden. Ich arbeite tagsüber, von 9.00 bis 17.00 Uhr. Ich gehe **dreimal pro Woche** zum Deutschkurs. Ich treffe **dort** nette Leute. Ich will schnell Deutsch lernen und eine andere Stelle suchen. Ich kann dann **vielleicht** wieder als Mechatroniker arbeiten.

Ich bin Luca Bianchi. Ich bin 29 Jahre alt und komme aus Italien. Von Beruf bin ich ...

D2 **23 Stellenanzeigen**

a Ergänzen Sie.

1

Ilda Supermärkte
Für die Supermärkte in Bremen suchen wir ab sofort
A u s h i l fe n auf 450-Euro-Basis.
Wann?
M______ta___s bis s______st_________,
v______mi_________gs oder______ch_________ta___s
Anruf unter: 37463201

2

M a l ___ r hat noch Termine frei!

Ich arbeite schnell und
s______bst______nd___g.
Auch s______nta___s.

3

Restaurant am Markt
Wir suchen K______ln___r/-innen
(V_________zeit) und einen K___c___
(T_________zeit), mi______a___s
und a______n___s,
bef______st___t bis 30.6.

4

Pflegedienst sucht A___t______pf______g______/-innen, ha______ta___s,
d______ns______gs und mi______wo______s oder g______z______g___,
Informationen unter: info@seniorenpflege.de

b Lesen Sie die Anzeigen und ergänzen Sie.

1 Wer sucht eine Arbeit / einen Job? ____________

2 Wo gibt es eine Arbeit / einen Job? 1, ____________

D3 24 Im Café

2 ▶ 5 **a** Was ist richtig? Hören Sie und umkreisen Sie.

Josiane und Norah sprechen über
ihre Arbeit. Stellenanzeigen.

2 ▶ 5 **b** Was ist richtig? Hören Sie noch einmal und kreuzen Sie an.

1 ☒ Josiane sucht einen Job als Kellnerin.
2 ○ Josiane kann nur abends arbeiten.
3 ○ Josiane hat bei einer Zeitung gearbeitet.
4 ○ Josiane ruft bei den „Ilda Supermärkten" an.

D3 25 Um Informationen bitten und Informationen geben: Thema „Arbeit".

Prüfung Sprechen, Teil 2

a Schreiben Sie jeweils zwei Fragen zu den Kärtchen.

Wie lange | Wann | Seit wann | Wo | Wie | Wer | Was | Hast du | Bist du | ...

Thema Arbeit
Kollegen

Thema Arbeit
Ausbildung

Thema Arbeit
Arbeitszeit

Thema Arbeit
Pause

Thema Arbeit
Traumjob

Thema Arbeit
Firma

Arbeitszeit:
Wie lange arbeitest du abends?
Möchtest du gern ...

b Gruppenarbeit: Fragen Sie und antworten Sie.

D

D3 26 Anruf im Kaufhaus

a Wer sagt was? Lesen Sie und ergänzen Sie: Frau Adamczyk (A), Frau Wendler (W).

Kaufhaus Wendler

Verkäufer/Verkäuferin in Vollzeit gesucht
Aushilfen gesucht
freitags und samstags halbtags
Bewerbungen bitte an die Wendler GmbH
telefonische Nachfragen unter 030/227677

◯ ____ Gut. Das passt. Und wie ist der Verdienst pro Stunde?
◯ ____ Gut, dann bis morgen, Frau Adamczyk. Auf Wiederhören.
◯ ____ Guten Tag, mein Name ist Adamczyk. Ich habe Ihre Stellenanzeige gelesen. Sie suchen eine Aushilfe. Ist die Stelle noch frei?
① W Kaufhaus Wendler, guten Tag.
◯ A Ja, morgen habe ich Zeit.
◯ ____ Ja, wir suchen eine Aushilfe für freitags und samstags, halbtags.
◯ ____ Aha, halbtags. Und wie ist die Arbeitszeit?
⑨ ____ Dann kommen Sie doch mal vorbei. Haben Sie morgen um 12.00 Uhr Zeit?
◯ W Am Freitag von 16.00 bis 20.00 Uhr und am Samstag von 10.00 bis 14.00 Uhr.
◯ ____ Wir zahlen 9,50 Euro pro Stunde.
◯ A Gut.
◯ ____ Auf Wiederhören.

b Ordnen Sie und schreiben Sie das Gespräch.

W: Kaufhaus Wendler, guten Tag.
A: ...

2 ▶ 6 **c** Hören Sie und vergleichen Sie.

D4 27 Was ist richtig? Umkreisen Sie.

a Anna ist (seit einer Woche) | für eine Woche fertig mit der Schule. Nun möchte sie für ein Jahr | seit einem Jahr in Österreich arbeiten. Sie hat schon für drei Monate | vor drei Monaten eine Bewerbung geschrieben und einen Job im Café bekommen.

b Nadim lernt zurzeit fünf Tage pro Woche Deutsch, aber am Wochenende hat er Zeit. Er sucht vor einem Monat | seit einem Monat einen Job. Er möchte eine Arbeit für einen Tag | vor einem Tag am Wochenende in einem Restaurant.

Test Lektion 8

1 Bilden Sie Wörter und ordnen Sie zu.

Wörter
...... / 6 Punkte

zeitTeil · arlosbeits · stänselbstdig · leStel · dungbilAus · ~~zisPotinli~~ · nerKell

a Jennifer macht eine .... als Polizistin.
b Emilio arbeitet .... als .... im Restaurant.
c Ida ist Ärztin. Sie ist .... und hat eine Praxis.
d Cem ist zurzeit .... Er sucht eine .... als Krankenpfleger.

0–3 · 4 · 5–6

2 Ergänzen Sie in der richtigen Form: *haben – sein*.

Grammatik
...... / 7 Punkte

◆ Hattest (a) du ein schönes Wochenende?
○ Ja, wir .... (b) auf der Party von Tim.
◆ Und wie .... (c) die Party? .... (d) viele Leute da?
○ Ja. Wir .... (e) viel Spaß. Und wo .... (f) ihr?
◆ Wir .... (g) gearbeitet. Wir .... (h) viel Stress.

3 Was ist richtig? Umkreisen Sie.

...... / 5 Punkte

◆ Wann bist du nach Deutschland gekommen?
○ Vor | Seit (a) zwei Jahren. Zuerst habe ich (–) | seit (b) ein Jahr einen Deutschkurs gemacht. Und für | seit (c) fast drei Jahren mache ich eine Ausbildung zur Altenpflegerin.
◆ Wie lange dauert die Ausbildung noch?
○ Noch für | – (d) zwei Monate. Und dann möchte ich für | vor (e) einen Monat meine Familie in Spanien besuchen.
◆ Wie lange hast du deine Familie nicht gesehen?
○ Vor | Seit (f) einem Jahr.

0–6 · 7–9 · 10–12

4 Verbinden Sie.

Kommunikation
...... / 5 Punkte

a ◆ Ich habe Ihre Anzeige gelesen. Ist die Stelle noch frei? — 6
b ○ Was sind Sie von Beruf?
c ○ Und wo arbeiten Sie?
d ○ Wir suchen eine Aushilfe für samstags.
e ○ 9 bis 18 Uhr. Wie lange sind Sie schon in Deutschland?
f ◆ Und wie ist der Verdienst?

1 ◆ Samstag ist gut. Wie ist die Arbeitszeit?
2 ◆ Seit sechs Monaten.
3 ◆ Ich bin Verkäuferin.
4 ○ Wir zahlen 10 Euro pro Stunde.
5 ◆ Ich arbeite gerade nicht.
6 ○ Ja.

0–2 · 3 · 4–5

A Sie **müssen** einen Antrag **ausfüllen**.

A1 **1 Was ist richtig? Umkreisen Sie.**

a Ich (Du) musst 10 Euro bezahlen.
b Wir Ihr müssen den Antrag ausfüllen.
c Sie Er müssen einen internationalen Führerschein haben.
d Du Ihr müsst hier unterschreiben.
e Wir Maria muss eine Fahrkarte kaufen.
f Ich Jan und Eva muss viele Papiere zum Amt mitbringen.

A1 **2 Schreiben Sie Sätze und ergänzen Sie die Tabelle.**

a sie – den Antrag – müssen – ausfüllen – .
b wo – das Auto – kann – mieten – ich – ?
c wir – hier – was – ankreuzen – müssen – ?
d er – muss – hier – machen – was – ?
e schnell – will – ich – Deutsch – lernen – .
f am Samstag – arbeiten – du – musst – ?

Sie	müssen	den Antrag	ausfüllen	.
–				

A1 **3 Satzakzent**
2 ▶ 7 **a** Hören Sie und markieren Sie die Betonung: ___.
Phonetik

1
◆ Ich muss jetzt gehen.
○ Ach, nein!
◆ Doch, ich muss gehen. Ich muss noch einkaufen.

2
○ Ich kann backen.
◆ Das glaube ich nicht.
○ Doch, ich kann backen!

3
◆ Kannst du heute kommen?
○ Nein, tut mir leid.
◆ Du kannst kommen, da bin ich sicher, aber du willst nicht.

b Spielen Sie die Gespräche mit Ihrer Partnerin / Ihrem Partner.

A2 **4 Was ist richtig? Umkreisen Sie.**

- ◆ Sie (können) | müssen den Bus nicht nehmen. Die Fahrkarte ist hier nicht gültig.
- ○ Oh! Wo will | kann ich die richtige Fahrkarte kaufen?
- ◆ Hier ist ein Fahrkartenautomat.
- ○ Danke. Wie funktioniert er? Was muss | kann ich hier machen?
- ◆ Sie müssen | können zuerst ein Ziel wählen. Wohin können | möchten Sie fahren?
- ○ Nach Mühlheim.
- ◆ Okay, und danach müssen | wollen Sie auswählen: Erwachsener oder Kind ...

A2 **5 Schreiben Sie Sätze mit *müssen* in der richtigen Form.**

A

in das Zimmer 107 gehen

Sie müssen in das Zimmer ____________.

B

zuerst das Ziel wählen

Also, wir ____________.

C

aufstehen

Guten Morgen. Es ist 7 Uhr.
Du ____________.

D

jetzt schlafen

Es ist schon spät.
Ihr ____________.

A2 6 Ordnen Sie zu.

● der Antrag ● der Ausweis ● die Fahrkarte ● der Führerschein stempeln ~~● das Wechselgeld~~

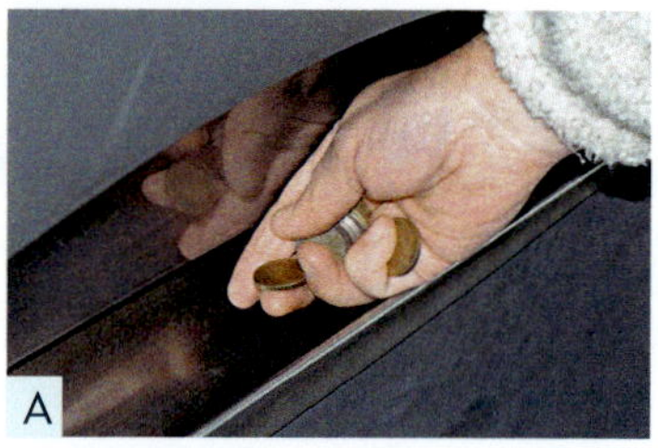

A

das Wechselgeld

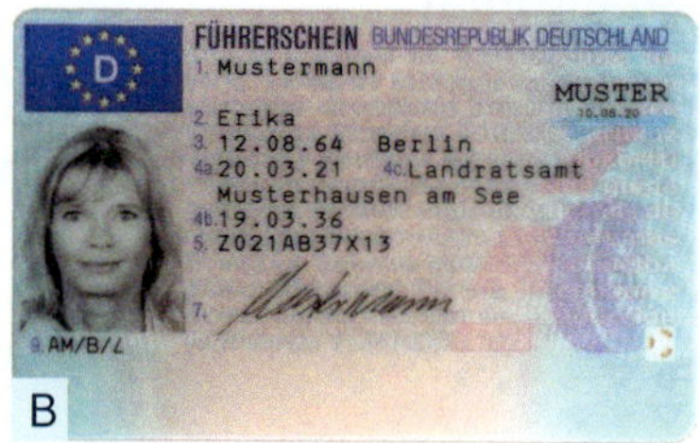

B

....

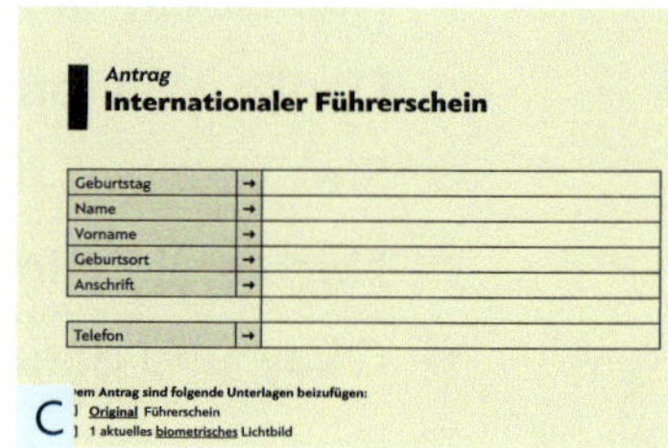

C

....

D

....

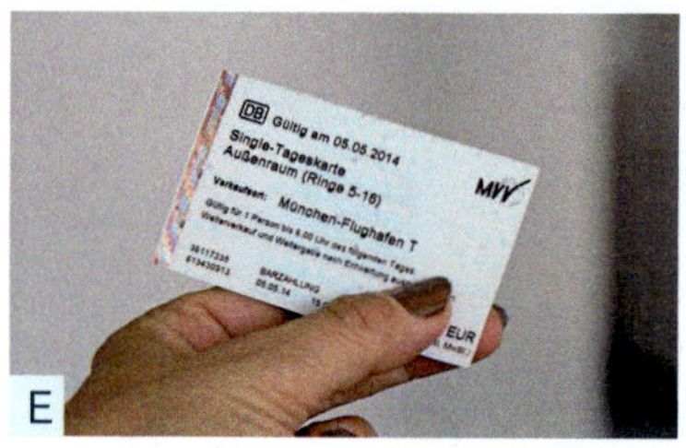

E

....

F

....

A3 7 Den Führerschein machen: Was muss man machen? Schreiben Sie.

einen Sehtest machen → eine Fahrschule suchen → Unterricht nehmen → zum Amt gehen und den Führerscheinantrag abholen → den Antrag ausfüllen und viel zum Amt mitbringen: den Sehtest, den Ausweis, ein Foto → die Führerscheinprüfung machen

● der Test = ● die Prüfung

Zuerst muss man einen Sehtest machen.

Danach muss ....

Dort ....

Dann ....

....

Und man muss ....

....

Zum Schluss ....

B Sie **dürfen** in der EU Auto **fahren**.

B1 8 Ordnen Sie zu.

kann | Kann | muss | ~~musst~~ | will | Willst

a ◆ Anne, du musst aufstehen. Es ist schon sechs Uhr.
○ Ich ______ nicht aufstehen. Ich bin müde. ______ ich nicht noch ein bisschen schlafen?

b ◆ Du bist schon 18 und hast keinen Führerschein? ______ du den Führerschein nicht machen?
○ Doch, aber später. Mit 17 oder 18 ______ man den Führerschein machen, aber man ______ nicht.

B1 9 Ergänzen Sie *dürfen* in der richtigen Form.

a Frau Kurz, Sie dürfen den Antrag nicht vergessen.
b ______ ich Sie etwas fragen?
c Papa, ______ wir jetzt fernsehen?
d Hier ______ ihr nicht Fußball spielen!
e Enrique, du ______ hier kein Eis essen.
f ______ man hier fotografieren?

B2 10 Was ist richtig? Umkreisen Sie.

A

Hier (darf) muss man rauchen.

B

Hier darf muss man die Zigarette ausmachen.

C

Hier darf muss man parken.

D

Ihr nächster Termin:	
Do,	14.00 Uhr

Man darf muss pünktlich kommen.

E

Hier dürfen müssen Kinder spielen.

F

Hier dürfen müssen Autos nicht fahren.

B

B2 **11** **Ordnen Sie zu.**

Hier dürfen wir fahren. | Sie müssen das Handy ausmachen. | Hier darf man nicht telefonieren. | ~~Sie dürfen nur mit Fahrkarte mitfahren.~~ | Hier muss man Eintritt bezahlen. | Sie müssen das Ticket am Bahnhof kaufen. | Darf man hier nicht einfach spazieren gehen?

A

◆ Entschuldigung. Aber ______________________

○ Warum?

◆ ______________________

B

◆ Sie haben kein Ticket? Das geht nicht!
Sie dürfen nur mit Fahrkarte mitfahren.

○ Kann ich das Ticket jetzt kaufen?

◆ Leider nein. ______________________

C

◆ Hallo! Einen Moment bitte. ______________________

○ Was? ______________________

D

◆ Guck mal. Ein Radweg!

○ ______________________

B3 **12** **Im Schwimmbad**

Ergänzen Sie *müssen* oder *dürfen* in der richtigen Form.

a Der Eintritt für Erwachsene kostet 5 Euro.
→ Erwachsene müssen 5 Euro Eintritt bezahlen.

b Für Kinder bis 5 Jahre ist der Eintritt frei.
→ Kinder bis 5 Jahre ______ keinen Eintritt bezahlen.

c Hunde sind nicht erlaubt.
→ Hunde ______ nicht ins Schwimmbad kommen.

d Das Rauchen ist hier verboten.
→ Man ______ hier nicht rauchen.

e Bitte essen Sie nur im Café.
→ Man ______ nur im Café essen.

f Gern können Sie ein Picknick mitbringen.
→ Man ______ ein Picknick mitbringen.

C Sieh mal!

13 Was ist richtig? Umkreisen Sie.

C1

a Siehst du mal: (Sieh mal:) Das Auto kann man mieten!
b Wir gehen schwimmen. Komm doch mit! Ihr kommt mit?
c Mach Machst bitte die Musik leise!
d Sei Bist pünktlich!
e Nimmst Nimm doch noch einen Apfel.

14 Streichen Sie und ergänzen Sie.

C1

a Schreib~~st du~~ den Brief? → Schreib bitte den Brief!
b Rufst du an? → .... bitte an!
c Arbeitest du heute? → .... nicht so viel!
d Hörst du zu? → .... bitte zu!
e Lies~~t du~~ den Text?  → Lies bitte den Text!
f Isst du gern Eis? ⚠ → .... nicht so schnell!
g Schläf~~st du~~ schon? ⚠ → Schlaf gut!

15 Ergänzen Sie in der richtigen Form.

C2

Marcel, ...

a bitte das Radio ausmachen — mach bitte das Radio aus!
b bitte pünktlich kommen — ....
c bitte die Küche aufräumen — ....
d nicht so lange schlafen — ....
e bitte leise sein — ....

16 Schreiben Sie.

C3

a

Fahrrad fahren oder deine Freunde treffen | um 6 Uhr zu Hause sein

◆ Mama, was kann ich heute Nachmittag machen?
○ Fahr doch Fahrrad oder ....
Aber ....

b

Oma anrufen oder ins Schwimmbad gehen
zuerst die Hausaufgaben machen

▲ Was können wir jetzt machen?
□ ....
Aber ....

C

C3 **17 Hören Sie und schreiben Sie.**

2 ▶ 8

a Sprecht ihr immer so schnell? Sprecht bitte langsam.

b Ihr hört nicht zu. ……

c Oh, es ist so kalt. ……

d …… Ich komme sofort.

e Es ist so laut hier. Ich verstehe kein Wort. ……

C3 **18 Was sagt Lina zu Mark und Caro? Ergänzen Sie in der richtigen Form.**

A

B

C

D

E

1 Räumt doch bitte den Flur auf. (den Flur aufräumen)

2 ……
(nicht immer mein Essen essen)

3 …… (pünktlich kommen)

4 …… (nicht so laut sein)

5 …… (nicht so viel rauchen)

C4 **19 Satzmelodie**

2 ▶ 9 **a** Hören Sie und ergänzen Sie die Satzmelodie: ↗ oder ↘.

Phonetik

1 Warten Sie einen Moment? ↗
2 Unterschreiben Sie hier! ……
3 Machen Sie einen Deutschkurs! ……
4 Warten Sie einen Moment! ……
5 Bezahlen Sie an der Kasse? ……
6 Machen Sie viel Sport? ……

2 ▶ 10 **b** Hören Sie noch einmal und sprechen Sie nach.

2 ▶ 11 **c** Hören Sie und ergänzen Sie: *?* oder *!*

1 Kommen Sie heute ?
2 Essen Sie ein Brötchen ……
3 Lernen Sie jeden Tag 10 Wörter ……
4 Kommen Sie heute um fünf ……
5 Essen Sie einen Apfel ……
6 Lernen Sie jeden Tag eine Stunde ……

C4 20 Schreiben Sie Sätze in der *Sie*-Form.

a Ich bin so müde. (→ einen Kaffee trinken oder ein bisschen spazieren gehen)
Trinken Sie einen Kaffee oder gehen Sie ein bisschen spazieren.

b Ich spreche kein Deutsch. (→ einen Sprachkurs machen)
…………

c Ich suche eine Wohnung. (→ die Anzeigen in der Zeitung lesen)
…………

d Ich brauche einen Termin. (→ Frau Müller fragen)
…………

e Heute fängt mein Deutschkurs an. (→ die Kursgebühren an der Kasse bezahlen)
…………

f Es ist so warm! (→ das Fenster aufmachen)
…………

C5 21 *du, ihr, Sie*? Ergänzen Sie in der richtigen Form.

a einen Apfel essen

◆ Wir haben Hunger und Durst.
○ Wir haben nur Obst dabei. Esst doch einen Apfel.

b dein Handy nicht vergessen

◆ He, Mario, ………… bitte ………… .

c lachen

◆ ………… doch bitte!

d hier unterschreiben

◆ ………… bitte ………… .

e ein Buch lesen

◆ Es regnet. Was kann ich heute machen?
○ ………… doch ………… .

f im Wartebereich warten

◆ Ich habe um 10.15 Uhr einen Termin.
○ Einen Moment, Herr Mahler. ………… bitte ………… .

C5 22 *-e, -i, -ie*? Hören Sie und ergänzen Sie.

2 ▶ 12

a Nehmt doch noch Kuchen!
b ………… bitte einen Kaffee mit!
c ………… bitte nicht so schnell!
d ………… bitte oft Deutsch!
e ………… mal: Das Auto ist schön.
f ………… doch die Wolken! Gleich regnet es.

D Auf dem Amt

D2 23 Was passt nicht? Streichen Sie.

a • der Geburtsort – • der Geburtsname – • ~~der Wohnort~~ – • das Geburtsdatum
b getrennt – ledig – geschieden – allein
c jung – männlich – weiblich – • das Geschlecht
d • der Angehörige – • die Staatsangehörigkeit – • die Tochter – • die Schwester

D2 24 Ordnen Sie zu.

Können Sie das bitte erklären? | ~~Können Sie das bitte wiederholen?~~ | Das Wort „unterschreiben“ verstehe ich nicht. | Was bedeutet

a ◆ Füllen Sie den Antrag aus und bringen Sie den Antrag dann ins Zimmer 102.
○ Nicht so schnell, bitte. Können Sie das bitte wiederholen?

b ◆ Seit wann sind Sie arbeitslos?
○ Entschuldigung. ______________________ „arbeitslos“?

c ◆ Sie müssen hier noch einmal unterschreiben.
○ Was muss ich machen? ______________________

d ◆ Sind Sie verheiratet oder ledig?
○ Was bedeutet „ledig“? ______________________

D3 25 Lesen Sie die Nachricht und schreiben Sie die Antwort.

Liebe Sina, ich wohne jetzt in meiner neuen Wohnung. Sie ist sehr zentral, alles super! Aber was muss ich jetzt machen? Kannst du mir Ratschläge geben? ☺
Yasmin

auf www.dresden.de das Meldeformular suchen → das Formular ausfüllen müssen → das Formular beim Amt abgeben müssen

Liebe Yasmin, du wohnst schon in deiner neuen Wohnung, das ist ja toll! Jetzt hast du eine neue Adresse und musst ein Meldeformular ausfüllen. Das ist ganz einfach!
Du kannst auf www.dresden.de ______________________
______________________. Dann ______________________.
______________________. Und danach ______________________
______________________.
Dann ist alles okay.
Liebe Grüße
Sina

D3 26 Füllen Sie das Formular für Yasmin Brahimi und ihre Tochter aus.

Prüfung Schreiben, Teil 1

Ihre Freundin heißt Yasmin Brahimi und kommt aus Tunesien. Sie ist 1994 in Sousse geboren. Jetzt wohnt sie in der Ritterstraße 25 in 01097 Dresden. Früher hat sie in der Dammstraße 14 in 01326 Dresden gewohnt. Sie lebt getrennt und hat eine kleine Tochter: Nahla. Ihre Tochter ist in Deutschland geboren, in Mainz.

Anmeldung bei der Meldebehörde

Neue Wohnung (Adresse): ____________

Bisherige Wohnung (Adresse): ____________

Familienname		Familienname	Brahimi
Geburtsname	Mansouri	Geburtsname	–
Vorname		Vorname	
Geschlecht	○ m ○ w	Geschlecht	○ m ☒ w
Familienstand	getrennt lebend	Familienstand	–
Geburtsdatum	01.04.	Geburtsdatum	25.09.2016
Geburtsort		Geburtsort	
	Tunesien		
Staatsangehörigkeit	tunesisch	Staatsangehörigkeit	tunesisch

D3 27 Was ist richtig?

2 ▶ 13 **a** Hören Sie und umkreisen Sie.

a Mirko hat eine Firma. / (arbeitet bei einer Firma.)
b Er muss um 11.15 Uhr in die Firma / gleich in die Schillerstraße fahren.
c Mirko versteht: / versteht nicht: Was muss er machen?
d Er hat heute um 13 Uhr einen / keinen Termin.
e Er darf eine Stunde / keine Mittagspause machen.
f Er muss auch zu Familie Zeman / Familie Siebzehner fahren.
g Er versteht den Namen sofort. / zuerst nicht.
h Zum Schluss / Erst am Montag arbeitet Mirko zwei Stunden bei Heimann.

2 ▶ 13 **b** Hören Sie noch einmal und vergleichen Sie.

Test Lektion 9

1 Ergänzen Sie.

a  Hier müssen Sie Ihre Fahrkarte s t e m p e l n.

b  Hier müssen Sie ___ ei ___ ___ sein.

c 

Hier müssen Sie la ___ ___ s ___ ___ fahren.

d  Hier müssen Sie Ihr Handy ___ ___ sm ___ ___ ___ ___ n.

e 

Hier können Sie einen ___ ___ rk ___ l ___ ___ z finden.

Wörter

___ / 4 Punkte

- 0–2
- 3
- 4

2 Ergänzen Sie in der richtigen Form.

a ◆ Dürfen (dürfen) wir fernsehen?
○ Zuerst ______ (müssen) ihr die Hausaufgaben machen.

b ◆ Was ______ (müssen) du heute Abend noch machen?
○ Ich ______ (müssen) die Kinder ins Bett bringen.
Aber dann ______ (dürfen) ich lesen. So schön!

Grammatik

___ / 4 Punkte

3 Schreiben Sie Bitten.

a Sie müssen dort warten.
Warten Sie bitte dort.

b Ihr müsst Frau Müller zuhören.
______

c Du musst deinen Ausweis mitnehmen.
______

d Sie müssen pünktlich sein.
______

___ / 3 Punkte

- 0–3
- 4–5
- 6–7

4 Ordnen Sie zu.

Darf ich Sie etwas fragen? | Was bedeutet „Angehörige"? | Können Sie das bitte wiederholen? | ~~Ich kann noch nicht so gut Deutsch.~~

a ◆ Füllen Sie bitte das Formular aus.
○ ______
◆ Ja, gern. Füllen Sie bitte das Formular aus.

b ◆ ______
○ Ja, natürlich. Gern. Wie kann ich helfen?

c ◆ ______
○ „Angehörige" sind z. B. Ihre Frau, Ihre Kinder …
◆ Ah ja, tut mir leid. Ich kann noch nicht so gut Deutsch.

Kommunikation

___ / 3 Punkte

- 0–1
- 2
- 3

A **Ihr Auge** tut weh!

A1 **1 Lösen Sie das Rätsel.**

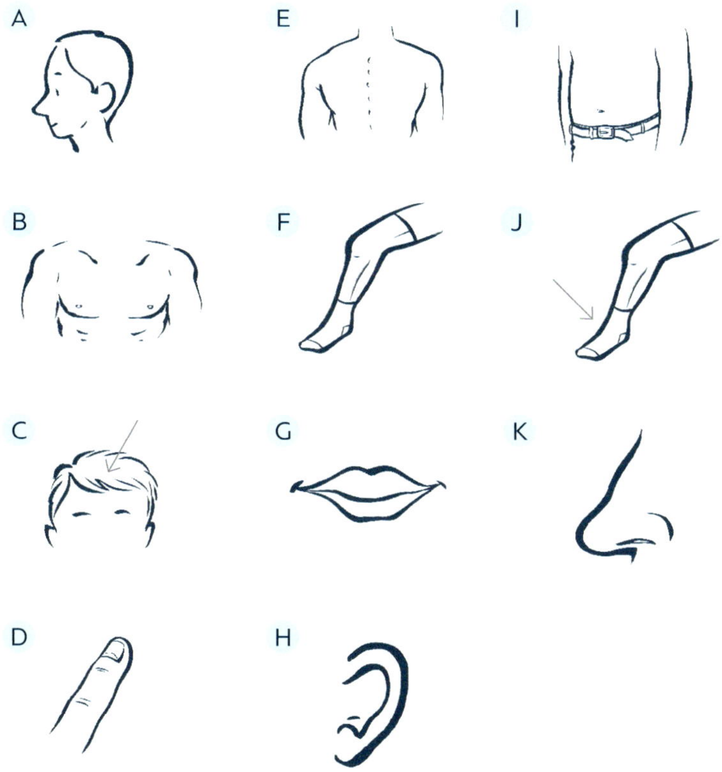

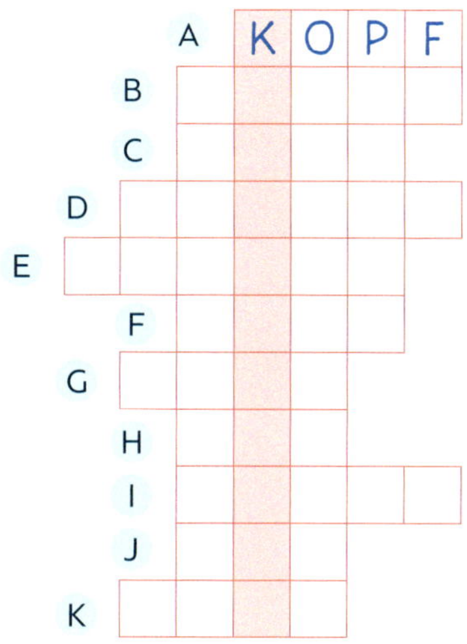

Lösung: ……………………

A1 **2 Schreiben Sie die Wörter mit ● *der* – ● *das* – ● *die* und ● *die*.**
Suchen Sie die Wörter im Lernwortschatz (LWS Seite 187–188).

a ● das Bein → ● die Beine
b …… Fuß → …… ……
c …… Hand → …… ……
d …… Arm → …… ……
e …… Finger → …… ……
f …… Auge → …… ……
g …… Ohr → …… ……

A1 **3 Ergänzen Sie: *mein* – *meine*.**

Wiederholung A1, L2

a Oh, ich habe so viel Eis gegessen. Jetzt tut mein Bauch weh.
b Ich weiß nicht, warum. Aber …… Brust tut weh.
c Ich bin acht Stunden gewandert. …… Füße tun so weh.
d Im Klub war es so laut. …… Ohren tun jetzt weh.
e Ich habe zehn Stunden gearbeitet. Jetzt tut …… Rücken weh.
f Sieh mal, …… Arm! Er tut sehr weh.
g Ich hatte einen Unfall. Jetzt tut …… Bein weh.
h Ich habe heute lange Fußball gespielt! …… Beine tun weh.

A

A2 **4 Ergänzen Sie: *mein – meine – dein – deine – Ihr – Ihre.***

Wiederholung A1, L2

A

a
- ◆ Tag, Frau Müller. Ist das Ihre Tochter?
- ○ Nein, das ist ________ kleine Schwester.

B

b
- ◆ Klara, warte mal, ________ Freund Niko ist am Telefon.
- ○ Niko ist nicht ________ Freund!

C

c
- ◆ Einen Moment bitte, Frau Abt, ________ Mann ist am Telefon.
- ○ Wer? ________ Mann? Danke, Frau Schneider.

D

d
- ◆ Wie alt sind ________ beiden Kinder, Frau Sobota?
- ○ Sieben und elf.

E

e
- ◆ Das ist ________ Schwester Miriam.
- ○ Und das? Sind das ________ Eltern?
- ◆ Ja. Und das ist ________ Lehrerin.

A2 **5 Markieren Sie und ergänzen Sie Pfeile.**

A
Réka

Ihr • Vater lebt in Ungarn.
Ihr • Hobby ist Tanzen.
Ihre • Mutter lebt in Eger.
Ihre • Eltern sind geschieden.

B
Hung

Sein • Bruder heißt Minh.
Sein • Hobby ist Gitarre spielen.
Seine • Frau ist Ärztin.
Seine • Kinder leben in Berlin.

A2 **6 Was ist richtig? Umkreisen Sie.**

a Alba hatte einen Unfall.
Ihr | Sein | Auge tut weh.

b Tomoko hat Schmerzen.
Ihr | Sein | Hals tut weh.

c Kweku kann nicht Fußball spielen.
Ihr | Sein | Arm tut weh.

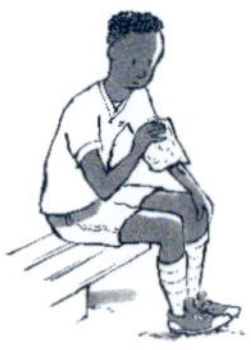

d Ben geht heute nicht in die Schule.
Ihre | Seine | Hand tut weh.

A2 **7 Was ist richtig? Umkreisen Sie.**

a Mohammad kommt heute erst spät zur Arbeit. Sein | Seine Sohn muss zum Arzt.
b Mein Mann ist Krankenpfleger. Sein | Seine Chef ist sehr gut, aber sein | seine Kollegen sind nicht nett.
c Vor zwei Tagen habe ich meinen Freund Peter im Krankenhaus besucht. Sein | Seine Schmerzen sind nicht mehr so schlimm.
d Mariam kann nicht zum Deutschkurs kommen. Ihr | Ihre Kinder sind krank.
e Meine Kollegin Gosia fährt zur Notaufnahme. Ihr | Ihre Freund hatte einen Unfall.

A2 **8 Ergänzen Sie: *sein – seine – ihr – ihre.***

Das ist meine Freundin Basima aus Syrien. Ich kenne sie aus dem Schwimmbad. Schwimmen ist ihr Hobby. Sie ist verheiratet und sie hat zwei Kinder: ______ Tochter ist zehn Jahre alt und ______ Sohn ist acht. ______ Kinder schwimmen auch gern. ______ Mann Kalil schwimmt nicht so gern. ______ Hobby ist Fußball spielen. Kalil und ______ Freunde spielen oft zusammen Fußball. Basimas Sohn spielt nicht gern Fußball. ______ Beine tun dann immer so weh. Basimas Tochter liest gern. ______ Lieblingsbuch ist „Harry Potter".

A2 **9 Ordnen Sie zu.**

ihr | ihre | ~~Mein~~ | mein | Meine | Seine | seine | Seine

Mein Mann heißt Ivano. Er kommt aus Italien. ______ Familie lebt aber schon seit 25 Jahren in Deutschland. ______ Schwester und ______ Brüder sind in Deutschland geboren.
Ich arbeite als Krankenschwester und Ivano war ______ Kollege. Er hat gesagt: „______ Schwester hat ein Restaurant. Wollen wir dort zusammen essen?"
Wir sind dann zu Rosas Restaurant gegangen – ______ Restaurant ist sehr schön und ______ Pizzen sind sehr lecker! Und, na ja, acht Monate später haben wir geheiratet.

A4 **10 Hören, sprechen und schreiben: *h***

2 ▶ 14 a Hören Sie und sprechen Sie nach.
Phonetik

<u>H</u>als – <u>H</u>and – Za<u>h</u>n – O<u>h</u>ren – <u>H</u>aare – Notaufna<u>h</u>me – we<u>h</u>tun – kü<u>h</u>len – <u>h</u>aben

2 ▶ 14 b Hören Sie noch einmal. Wo hören Sie *h* nicht? Markieren Sie in a.

2 ▶ 15 c Hören Sie und schreiben Sie.

1 Hamida ist krank. Ihr ______ tut ______. ______ ______ auch. Und sie ______ ______schmerzen.
2 Hannes ______ einen Unfall. Er ist in der ______. Seine ______ tut ______. Der Arzt sagt: „______ Sie ______ ______."

B Unsere Augen sind so blau.

B1 11 Was ist richtig? Umkreisen Sie.

A

Unsere | Eure Lehrerin ist super, oder?

D

Sind das ihre | eure Fahrräder?

B

Entschuldigung, das ist ihr | unser Ball.

E

Ich war das nicht. Meine | Seine Freunde haben das gemacht.

C

Unsere | Eure Augen sind nicht mehr gut, aber unsere | seine Ohren hören alles, oder, Theo?

F

Seht mal, Ihr | euer Bus kommt!

B2 12 Ordnen Sie zu.

eure | euer | ~~unsere~~ | unser | ihr | unser

- ◆ Sieh mal. Das sind meine beiden Brüder Anton und Max. Und das sind unsere Eltern.
- ○ Ist das ………………… Oma?
- ◆ Ja, und das ist ………………… Opa.
- ○ Was war ………………… Opa denn von Beruf?
- ◆ Er war Verkäufer. Unsere Großeltern hatten einen Obst- und Gemüseladen. Hier ist ………………… Laden.
- ○ Und gibt es den Laden heute noch?
- ◆ Nein, ………………… Vater hat den Laden verkauft.

B3 13 *unser, unsere oder unseren?*

a Lesen Sie und markieren Sie: *mein-, dein-, unser-, eu(e)r-.*

- ◆ Habt ihr denn euren Ausweis, eure Fahrkarte und euer Handy dabei?
- ○ Ja, ja, wir haben alles: unseren Ausweis, unsere Fahrkarte und unser Handy. Und du? Hast du deinen Ausweis, deine Fahrkarte und dein Handy dabei?
- ◆ Natürlich. ... Aber ... Oh nein, ich habe meine Tabletten vergessen.
- ▲ Kein Problem. Ich habe Tabletten.

b Ergänzen Sie die Tabelle.

• Ausweis	• Handy	• Fahrkarte	• Tabletten
einen	ein	eine	—
meinen	mein	meine	
			deine
seinen/ihren	sein/ihr	seine/ihre	seine/ihre
			unsere
euren			eure
ihren	ihr	ihre	ihre

B3 14 Ergänzen Sie.

A

- ◆ Habt ihr e ure • Hausaufgaben schon gemacht?
- ○ Nein, noch nicht. Aber wir machen u__________ • Hausaufgaben gleich. Nur noch ein Spiel!

B

- ◆ Hast du u__________ • Hund gesehen?
- ○ Ja, er ist im Garten.

C

- ◆ Mama, kann ich heute Abend e__________ • Auto haben?
- ○ Hm, ich weiß nicht. Frag bitte d__________ • Vater.

D

- ◆ Rufst du bitte d__________ • Kollegin an?
- ○ Ja, gleich. Hast du i__________ • Nummer?

C Ich **soll** Schmerztabletten **nehmen**.

C2 **15 Ergänzen Sie *sollen* in der richtigen Form.**

a Soll ich heute zu Hause bleiben?
b Du ______ ein paar Schritte gehen.
c Er ______ ihr das Medikament geben.
d ______ wir immer noch ruhig sein?
e Ihr ______ nicht so viel Cola trinken.
f ______ Kinder Tabletten nehmen?
g Sie ______ im Wartebereich warten.

C2 **16 Ergänzen Sie die Sätze aus 15.**

a	–	Soll	ich heute zu Hause	bleiben	?
b					
c					
d					
e					
f					
g					

C2 **17 Schreiben Sie die Sätze neu.**

a Geh nicht so spät ins Bett!
→ Du sollst nicht so spät ins Bett gehen.

b ______
→ Du sollst endlich aufstehen.

c ______
→ Ihr sollt leise sein.

d Unterschreiben Sie bitte hier!
→ ______

e ______
→ Sie sollen „Ja“ oder „Nein“ ankreuzen.

f ______
→ Sie sollen zum Chef kommen.

g Wartet bitte hier!
→ ______

h ______
→ Du sollst nicht so viel Schokolade essen.

C3 18 Gesundheitsprobleme

a Was ist das Problem? Ergänzen Sie.

1 Kopfschmerzen 

2 Sch__ __pf__ __ 

3 H__ __ __ __n 

4 __ie__ __r 

5 R__ __ __ __ __sch__ __ __ __en 

b Was soll die Person tun? Markieren Sie und schreiben Sie Sätze mit *sollen*.

EINMEDIKAMENTNEHMENIMBETTBLEIBENEINPAARSCHRITTE GEHENEINESALBEVERWENDENDENHALSWARMHALTEN

1 Er soll ein paar Schritte gehen. 

2 Er __________ 

3 __________ 

4 __________ 

5 __________ 

C3 19 Gesundheitstag

1

2

2 ▶ 16 **a** Was ist richtig? Hören Sie und umkreisen Sie.

1 Herr Elber hat Schlafprobleme. Zahnschmerzen.
2 Frau Hallberg hat Schnupfen. Kopfschmerzen.

2 ▶ 16 **b** Hören Sie noch einmal. Richtig oder falsch? Kreuzen Sie an.

	richtig	falsch
1 Herr Elber schläft seit Wochen nicht gut.	☒	○
2 Er hat gerade keinen Job.	○	○
3 Dr. Blum sagt: Er soll spazieren gehen.	○	○
4 Frau Hallberg muss in ihrem Beruf am Computer arbeiten.	○	○
5 Am Abend macht sie auch viel am Computer.	○	○
6 Sie soll abends Freunde treffen oder früh ins Bett gehen.	○	○

C

C3 **20** **Ordnen Sie zu.**

darf | Willst | soll | ~~Sollst~~ | darf | Willst | soll

a

◆ Na, was hat die Ärztin gesagt? Sollst du im Bett bleiben?

○ Nein, aber ich _____ meinen Hals warm halten.

b

◆ War Lukas schon beim Arzt?

○ Ja, der Arzt hat gesagt, er _____ Schmerztabletten nehmen und er _____ leider nicht Fußball spielen.

c

◆ Du siehst nicht gut aus. Du hast Fieber. _____ du nicht zum Arzt gehen?

d

◆ Anja und ich gehen morgen ins Schwimmbad. _____ du mitkommen?

○ Nein, ich _____ nicht. Das erlauben meine Eltern nicht. Ich habe immer noch Husten.

C3 **21** **Ordnen Sie zu und ergänzen Sie in der richtigen Form.**

a

müssen | ~~sollen~~ | dürfen

◆ Der Arzt hat gesagt, ihr sollt viel trinken.

○ Oh! _____ wir Cola trinken?

◆ Nein, ihr _____ Tee trinken.

b

müssen | dürfen | dürfen

◆ Entschuldigung, aber hier _____ man nicht telefonieren. Sie _____ Ihr Handy bitte ausmachen.

○ Oh, tut mir leid. Aber der Anruf ist wichtig. _____ ich bitte noch einen Moment sprechen, ja?

c

sollen | können | müssen

◆ Ich mache jetzt Mittagspause. Kommst du mit?

○ Keine Zeit. Ich _____ das noch fertig machen.

◆ _____ ich einen Kaffee mitbringen?

○ Das _____ du gern machen. Vielen Dank.

D Krankschreibung

D1 **22 Lesen Sie die Krankschreibung und ergänzen Sie.**

a Wer ist krank?
Sergio de Pinto
b Wann ist die Person geboren?
Am ……
c Seit wann ist die Person krank?
……
d Wie lange soll die Person zu Hause bleiben?
Bis ……

> TK UKK IKK AdAK AEV BKK
>
> **TK Lübeck**
> Sergio de Pinto
> Halstenberger Weg 12
> 23556 Lübeck
>
> | | |
> |---|---|
> | Geboren am | 22.10.1979 |
> | Krankheit festgestellt am | 29.11. |
> | Krankgeschrieben bis | 04.12. |

D1 **23 Was sagt Liban? Hören Sie und schreiben Sie.**
2 ▶ 17

- ◆ GaLA-Bau, Sie sprechen mit Isabell Klein.
- ○ Guten Morgen, Frau Klein. …… …… Liban Anas. Ich kann …… …… nicht ……. Seit gestern Abend …… mein …… …… und …… ……. Ich glaube, …… …… auch ……. Mein Gesicht ist ganz heiß. Ich …… jetzt zum …….
- ◆ Ist gut, Herr Anas. Gute Besserung.

D2 **24 Einen Brief schreiben**

a Finden Sie noch sieben Wörter.

DEKUABSENDERILMPLWUAHRNDIAULBANREDEDAQTXMPO
UNTERSCHRIFTKAEMPFÄNGERPELOSAMORTTIEMERGRUSS
NUDATVELHRGAPSIDBETREFFHEQLYIRCEBEKODATUMUMA

b Ordnen Sie die Wörter aus a zu und ergänzen Sie mit • *der* – • *das* – • *die.*

1 Er schreibt den Brief: ……
2 Er bekommt den Brief: ……
3 Ein anderes Wort für „die Stadt“: ……
4 Wann schreiben Sie den Brief? ……
5 Warum schreiben Sie den Brief? ……
6 Das schreiben Sie vor dem Brieftext: ……
7 Das schreiben Sie nach dem Brieftext: • der Gruß
8 Das schreiben Sie zum Schluss: ……

D

D2 **25** **Ordnen Sie zu.**

~~Sehr geehrte Frau Winter,~~ | Viele Grüße | Sehr geehrte Damen und Herren, | Lieber Jakob, | Mit freundlichen Grüßen | Hallo Klara/Jakob, | Sehr geehrter Herr Reusch, | Liebe Klara,

	Sie sagen: „Sie"	Sie sagen: „du"
Anrede	Sehr geehrte Frau Winter,	
Gruß		

D3 **26** **Schreiben Sie die Sätze.**

a geehrte – Frau – Sehr – Müller, — Sehr geehrte Frau Müller,
b kann – ich – nicht – heute – arbeiten. — ……
c habe – schlimme Bauchschmerzen. – Ich — ……
d jetzt – Ich – zum Arzt. – gehe — ……
e Grüßen – Mit – freundlichen — ……

D3 **27** **Schreiben Sie eine Nachricht.**

Sie haben eine Erkältung und können nicht zum Deutschkurs gehen. Schreiben Sie eine Nachricht an Ihre Freundin Jenny. Sie soll die Hausaufgaben mitbringen. Sie gehen jetzt gleich zum Arzt.

Anrede
Warum schreiben Sie?
Was soll Jenny machen?
Was machen Sie?
Gruß und Unterschrift

Liebe ……
……
……
……
Bringst du ……
……
……

E3 28 Ordnen Sie zu.

Ihre Versichertenkarte mit | einen Termin haben | gleich vorbei | bitte heute kommen | einen Termin frei | ist dringend | ~~guten Tag~~

- ◆ Praxis Doktor Stellwege, guten Tag.
- ○ Guten Morgen, Aboudi hier. Könnte ich bitte ……………………?
- ◆ Ja, übermorgen haben wir …………………….
- ○ Ich möchte …………………….
  Es …………………….
- ◆ Oh, ein Notfall. In Ordnung, dann kommen Sie doch …………………….
  Und bringen Sie bitte …………………….
- ○ Alles klar! Vielen Dank. Bis gleich.

E3 29 Was ist richtig? Hören Sie und kreuzen Sie an.

2 ▶ 18–20
Prüfung Hören, Teil 1

Sie hören jeden Text zweimal.

1 Wann wollen Alex und Sergej Fußball spielen?

a ○ Heute. 

b ○ Morgen. 

c ○ Am Donnerstag. 

2 Wann hat Frau Bönisch einen Termin?

So	
Mo	9.15 Uhr Lea Bönisch
Di	

Mo	
Di	9.15 Uhr Lea Bönisch
Do	

Mi	
Do	9.15 Uhr Lea Bönisch
Fr	

a ○ Am Montag.
b ○ Am Dienstag.
c ○ Am Donnerstag.

3 Was soll der Mann tun?

a ○ Nach Hause gehen.

b ○ Die Krankschreibung mitbringen.

c ○ Einen neuen Termin machen.

Test Lektion 10

1 Was passt nicht? Streichen Sie.

a die Salbe – ~~der Unfall~~ – das Medikament – die Tablette
b der Schnupfen – der Husten – die Notaufnahme – das Fieber
c die Schmerzen – die Augen – die Arme – die Ohren
d der Absender – der Empfänger – die Anrede – die Schritte

Wörter ___ / 3 Punkte
● 0–1
● 2
● 3

2 Was ist richtig? Umkreisen Sie.

(Unser) Unsere Sommer (a)
Im Sommer waren meine dein Schwester (b) und ich in Rumänien. Das ist unsere unser Heimatland (c). Wir haben unseren euer Bruder Andrej (d) in Sulina besucht. Dort sind wir alle geboren. Unser Unsere Eltern (e) wohnen jetzt in Bukarest. Andrej lebt aber nicht allein in Sulina: Ihre Seine Frau Livia (f) und Livias Vater Cassian leben auch dort. Cassian ist sehr lustig. Wir hatten viel Spaß. Und wie war euer unser Sommer (g)?

Grammatik ___ / 6 Punkte

3 Was hat der Arzt gesagt? Schreiben Sie Sätze mit *sollen*.

a Ihr sollt Tabletten nehmen. (Tabletten – ihr – nehmen)
b ……………………………… (eine Salbe – ich – kaufen)
c ……………………………… (wir – machen – Sport)
d ……………………………… (viel – trinken – Tee – Ida)
e ……………………………… (kühlen – Bein – du – dein)
f ……………………………… (im Bett – Sie – bleiben)

___ / 5 Punkte
● 0–5
● 6–8
● 9–11

4 Ordnen Sie.

◯ ◆ Morgen Vormittag haben wir noch einen Termin frei.
(1) ◆ Praxis Doktor Stein, guten Morgen.
◯ ○ Ich möchte bitte heute kommen. Es ist dringend!
◯ ○ In Ordnung. Bis gleich.
◯ ◆ Und bringen Sie Ihre Versichertenkarte mit.
◯ ◆ Dann kommen Sie doch gleich um 10 Uhr vorbei.
◯ ○ Guten Morgen, Petersen hier. Könnte ich bitte einen Termin haben?
(6) ○ Das passt sehr gut, danke. Dann komme ich gleich vorbei.

Kommunikation ___ / 6 Punkte
● 0–3
● 4
● 5–6

A Vor der Brücke links.

A1 1 Ordnen Sie zu.

an ~~auf~~ hinter in neben über unter vor zwischen

A 

auf

D 

....

G 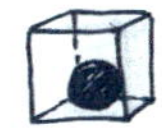

....

B 

....

E 

....

H 

....

C 

....

F 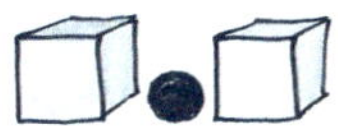

....

I 

....

A1 2 Wo ist das Auto? Umkreisen Sie.

A 

Das Auto ist (vor) neben dem Bahnhof.

B 

Das Auto ist zwischen hinter dem Restaurant.

C 

Das Auto ist über an der Tankstelle.

D 

Das Auto ist neben unter dem Amt.

E 

Das Auto ist auf in dem Parkplatz.

F 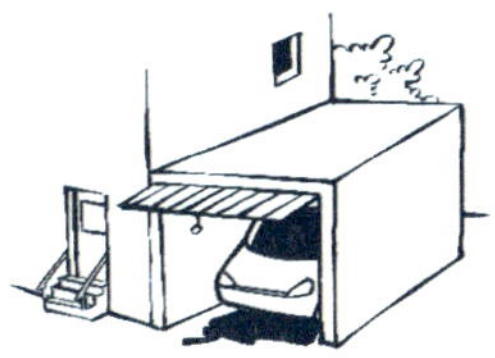

Das Auto ist unter in der Garage.

A1 **3 Ergänzen Sie.**

a Jens ist im Bett.

b Das Auto ist ______ der Garage.

c Schnuffel ist ______ dem Sofa.

d Schnuffel ist ______ dem Tisch.

e Die Apotheke ist ______ der Post.

f Patricia ist ______ Mario.

g Eva wartet ______ der Bushaltestelle.

h Die Sprachenschule ist ______ dem Restaurant.

A2 **4 Wo ist der Einkaufszettel?**

a Sehen Sie das Bild an und ergänzen Sie.

Der Einkaufszettel ist ...

1 über dem Herd
2 im ______
3 vor der ______
4 neben der ______
5 unter dem ______
6 zwischen den ______
7 auf dem ______
8 am Kühlschrank
9 hinter den ______

b Markieren Sie in a und ergänzen Sie.

Wo?	• der	• das	• die	• die
an, auf, hinter, in, neben, über, unter, vor, zwischen	______ Tisch dem Herd ⚠ am Kühlschrank	⚠ ______ Regal ______ Buch	______ Uhr ______ Milch	______ Flaschen ______ Büchern

A2 **5 Sehen Sie das Bild an und ergänzen Sie.**

In der • Amalienstraße gibt es eine Buchhandlung. In .... • Buchhandlung kann man Bücher kaufen. Neben .... • Buchhandlung ist eine Bäckerei. Über .... • Buchhandlung ist die Praxis von Dr. Zahnstein. Die Praxis ist unter .... • Wohnungen von Familie Georgos und Frau Schön. Sie ist also zwischen .... • Wohnungen und .... • Buchhandlung und .... • Bäckerei. Vor .... • Haus sind ein kleiner Parkplatz und eine Straße. Auf .... • Parkplatz sind oft Autos. Hinter .... • Haus ist ein Park mit vielen Bäumen. I........ • Park gibt es ein Café.

A3 **6 Finden Sie noch vier Hunde und ergänzen Sie.**

a Ein Hund sitzt auf dem Fahrrad.

b Ein Hund sitzt .... Kiosk.

c Ein Hund ist .... Baum.

d Ein Hund schläft .... Wiese.

e Ein Hund ist .... Brücke.

B Wir fahren **mit dem Auto**.

B1 **7 Verkehrsmittel**

a Finden Sie noch zehn Verkehrsmittel und ergänzen Sie mit • *der* – • *das* – • *die*.

S	T	R	A	ß	E	N	B	A	H	N
A	U	T	O	T	O	C	U	X	E	T
F	L	U	G	Z	E	U	G	Y	M	R
F	M	U	T	T	L	I	G	B	O	A
A	Z	A	R	S	P	E	I	S	T	U
H	L	K	W	-	N	B	U	S	O	-
R	J	A	N	B	O	U	T	I	R	B
R	E	R	T	A	U	G	A	M	R	A
A	N	Z	O	H	P	K	X	R	A	H
D	Z	U	G	N	C	H	I	T	D	N

• das Auto

B2 **b** Ordnen Sie die Wörter aus a zu und ergänzen Sie in der richtigen Form.

	• der	• das	• die
Ich fahre/ fliege mit ...		dem Auto	

B2 **8 Ergänzen Sie: *zum – zur*.**

Heute ist Herr Roth in der Stadt: Zuerst bringt er Briefe zur • Post. Dann fährt er mit der Straßenbahn ________ • Wohnungsamt. Er hat dort einen Termin. Danach geht er ________ • Kiosk und kauft eine Zeitung. Zum Schluss geht er ________ • Werkstatt und holt sein Auto ab.

B5 **9 Ergänzen Sie: *mit dem – mit der – zum – zur*.**

a ◆ Am Samstag sind wir mit dem Fahrrad ________ Museum gefahren.
○ Das ist aber weit. Warum seid ihr nicht ________ Bus gefahren?
◆ Das Wetter war so schön.

b ◆ Wie komme ich ________ Combi-Bank?
○ Fahren Sie ________ U-Bahn U6.
◆ Vielen Dank für die Auskunft.

c ◆ Kann ich zu Fuß ________ Supermarkt gehen?
○ Nein, das ist zu weit. Fahren Sie ________ Straßenbahn.

C3 10 Wo ist hier …? Hören Sie und zeichnen Sie die Wege in den Stadtplan.

2 ▶ 21–23

● Sie sind hier

a die Post
b die Apotheke
c das Hotel

C3 11 Ergänzen Sie in der richtigen Form.

a Gehen Sie die dritte (drei) Straße rechts  .

b Gehen Sie die ________ (zwei) Straße ________  .

c Gehen Sie 300 Meter ________  und dann ________  .

C3 12 Ordnen Sie zu.

~~ich suche~~ | Wie komme ich | nach 250 Metern | an der Ampel links | nicht von hier

a
◆ Entschuldigung, ich suche das Berg-Hotel.
○ Tut mir leid, ich bin ________ .

b
◆ ________ zum Bahnhof?
○ Gehen Sie ________ nach rechts.

c
◆ Wo geht es hier zur Autobahn, bitte?
○ Fahren Sie zuerst geradeaus und dann ________ .

D Wir gehen **zu Walter** und holen das Auto.

D3 **13 Wo warst du und wohin fährst du?**

a Markieren Sie: Wo? und Wohin?

1
- ◆ Wo warst du am Samstag?
- ○ Ich war zuerst bei Paul im Garten und dann waren wir im Kino.

2
- ◆ Wohin fährst du?
- ○ Ich fahre zu Felix. Wir gehen in den Park oder ins Kino.

3
- ◆ Wo warst du so lange?
- ○ Ich war beim Supermarkt und dann beim Zahnarzt.

4
- ◆ Was machst du heute?
- ○ Zuerst gehe ich zum Arzt und dann zur Apotheke.

5
- ◆ Wo hast du gearbeitet?
- ○ Zuerst in Italien, in Rom. Und dann in der Schweiz.

6
- ◆ Wohin fährst du im Sommer? Wieder nach Spanien?
- ○ Nein, in die Türkei. Nach Izmir.

7
- ◆ Ich war am Samstagabend zu Hause. Und du?
- ○ Ich habe gearbeitet und bin erst spät nach Hause gekommen.

b Ergänzen Sie die Tabelle.

	Wo? ◎	Wohin? → ◎
Person	bei Paul	zu Felix
	______ Zahnarzt	______ Arzt
Geschäft	______ Supermarkt	______ Apotheke
„Haus"/Ort	im Garten	in den Park
	______ Kino	______ Kino
Land/Stadt	______ Italien	______ Spanien
	______ Rom	______ Türkei
	______ Schweiz	______ Izmir
	⚠ ______ Hause	⚠ ______ Hause

D3 14 Was ist richtig? Umkreisen Sie.

a Fährt der Lkw bei (nach) Ungarn?
b Ich gehe noch schnell zur nach Post.
c Im Herbst fahren wir zur in die USA.
d Warst du schon beim zum Arzt?
e Ulla sitzt zum im Garten und liest.
f Gehen wir später im ins Schwimmbad?
g Heute Abend sind wir nach zu Hause.
h Am Freitag fahre ich zu bei Oma Ida.
i Ich bin müde. Ich gehe zu nach Hause.
j Lars arbeitet in die in der Schweiz.
k Wir haben nach in Wien gelebt.

D3 15 Ordnen Sie zu.

im | ins | nach | ~~bei~~ | in | nach | Zum | zu | beim | zu | In der

a
- Wo warst du am Wochenende?
- Ich war bei meinen Großeltern.

b
- Wohin gehst du denn?
- Ich gehe .... Denis.

c
- Wohin fährst du?
- .... Fußballstadion. Um fünf habe ich Training.

d
- Was hast du gestern gemacht?
- Ich war .... Deutschkurs und dann .... Arzt.

e
- Wohnst du auch .... Bochum?
- Ja. .... Klarastraße.

f
- Wann bist du .... Deutschland gekommen?
- Vor drei Jahren.

g
- Bist du um 20 Uhr schon .... Hause?
- Nein, ich komme heute erst um 22 Uhr .... Hause. Ich gehe noch .... Fitness-Studio.

D

D3 16 Ergänzen Sie.

Laura hat Zahnschmerzen. Am Montagmorgen fährt sie mit dem Auto .... Zahnarzt. Sie findet keinen Parkplatz und muss am Bahnhof parken. Von dort fährt sie mit der Straßenbahn .... Arztpraxis. Dr. Möller kann Laura helfen und sie hat keine Schmerzen mehr. Sofort geht sie .... Bäckerei und isst Kuchen. Dann geht Laura .... Bahnhof und fährt .... Hause. Am Abend hat sie wieder Zahnschmerzen. Oje.

D5 17 Verbinden Sie und schreiben Sie Sätze.

a die Post	1 Fußball spielen
b das Sekretariat	2 Bücher ausleihen
c der Copyshop	3 Briefe verschicken
d die Bücherei	4 einen Termin mit dem Chef machen
e Kiosk	5 kopieren
f Fußballverein	6 Zeitungen, Zigaretten und Getränke kaufen

a Auf der Post kann man Briefe verschicken.
b ...

D5 18 Wo finde ich ...?

a Machen Sie eine Tabelle und ordnen Sie zu.

~~Wo finde ich einen Copyshop?~~ | Gleich da drüben an der Ecke. | Ist die Albertstraße da hinten? | Und wo gibt es einen Kiosk? | Da gehen Sie zum Zeitungskiosk. | Wo kann ich hier eine Zeitung bekommen? | In der Albertstraße ist ein Copyshop. | Nein, sie ist gleich da vorne.

nach Orten und Wegen fragen	Auskunft geben
Wo finde ich einen Copyshop?	

b Schreiben Sie zwei Gespräche mit den Sätzen aus a.

◇ Wo finde ich einen Copyshop?
○ ...

D5 **19 Neu in der Stadt**

a Lesen Sie die Nachrichten und verbinden Sie.

1 Ich muss Briefe verschicken. Gibt es einen Briefkasten in der Nähe? Danke für eine Auskunft. Hussein

2 Hi Miko, heute will ich Pizza machen und brauche Schinken. Wo kann ich hier in der Nähe einkaufen?

3 Hallo Elsa, ich habe Husten. Kannst du bitte einen Hustensaft in der Apotheke holen? Danke! Arno

A Da gehst du zum Lido-Supermarkt in der Königinstraße.

B Okay. Ich gehe zur Apotheke. Vorher muss ich aber noch zur Post. Bis später.

C Na klar! Gleich an der Ecke ist ein Briefkasten. Das ist nicht weit.

b Wählen Sie eine Situation und schreiben Sie Nachrichten wie in a.

1 Eine Freundin / Ein Freund ist neu in Ihrer Stadt und möchte wissen: Wo ist die Post? Antworten Sie.

2 Sie sind krank. Bitten Sie eine Freundin / einen Freund um Hilfe. Sie/Er soll zur Apotheke gehen und Medikamente kaufen.

D5 **20 *z* hören und sprechen**

2 ▸ 24 Phonetik **a** Was hören Sie? Kreuzen Sie an.

1 ○ s ☒ z 2 ○ s ○ z 3 ○ s ○ z 4 ○ s ○ z
5 ○ s ○ z 6 ○ s ○ z 7 ○ s ○ z 8 ○ s ○ z

2 ▸ 25 **b** Hören Sie und sprechen Sie nach.

1 Zug – mit dem Zug – mit dem Zug in die Schweiz – Wir fahren mit dem Zug in die Schweiz.
2 zwischen – zwischen der Post und der Metzgerei – Zwischen der Post und der Metzgerei gibt es einen Kiosk.
3 Zahnarzt – zum Zahnarzt – mit dem Bus zum Zahnarzt – Isa fährt mit dem Bus zum Zahnarzt.

2 ▸ 26 **c** Schreiben Sie: *s – z – ß*. Hören Sie dann und vergleichen Sie.

1

◆ Wo kann ich hier Z igaretten kaufen?
○ Am Mu___ eum ist ein Kio___ k.
◆ Kann ich ___ u Fu___ gehen?
○ Nein, fahren ___ ie mit der ___ -Bahn.

2

◆ Wie komme ich ___ um ___ upermarkt?
○ ___ ie gehen ___ uer___ t geradeaus und dann die ___ weite Stra___ e recht___ .
◆ Danke für die Au___ kunft.

E Am Bahnhof

E2 21 Ordnen Sie das Gespräch.

◯ Um 14.56 Uhr. Von Gleis 23.
◯ Nein, einfach.
◯ Ja, in Karlsruhe.
③ Und muss ich umsteigen?
◯ Ja, hin und zurück?
◯ Ich brauche auch noch eine Fahrkarte. Bekomme ich die bei Ihnen?
① Ich brauche eine Auskunft. Wann fährt der nächste Zug nach Mannheim?

E2 22 Ordnen Sie zu und ergänzen Sie in der richtigen Form.

Verspätung | ~~fahren~~ | Circa | Durchsagen | ankommen | hin und zurück | Bahnsteig | abfahren | Einfach

◆ Entschuldigung, wann fährt der nächste Zug nach Neuss?
○ Also, der nächste Zug ________ um 10.38 Uhr von Gleis 5 ________ und ________ um 18:07 Uhr in Neuss ________.
◆ Ah, das passt, danke! Dann bitte eine Fahrkarte nach Neuss.
○ ________ oder ________?
◆ Einfach bitte.
○ Gern. Oh, ich sehe gerade: Der Zug nach Neuss hat leider ________.
◆ Oje! Wie viel?
○ ________ 20 Minuten. Aber hören Sie bitte auch auf die ________. Vielleicht fährt der Zug auch von einem anderen ________ ab.
◆ Gut. Vielen Dank.

E2 23 Hören Sie und kreuzen Sie an: richtig oder falsch? Sie hören jeden Text einmal.

2 ▶ 27–30

Prüfung Hören, Teil 2

		richtig	falsch
a	Das Kinderessen kostet 2,90 Euro.	○	○
b	Der Zug fährt nach Berlin.	○	○
c	Die Fahrgäste sollen mit dem Bus fahren.	○	○
d	Für Fahrplaninformationen muss man die „Eins“ wählen.	○	○

E2 **24 Fahrpläne**

a Sehen Sie die Fahrpläne an. Welche Informationen finden Sie? Umkreisen Sie.

1

Abfahrt Nürnberg Hbf 14.12.–13.06.

Zeit	*Zug*	*Richtung*	*Gleis*
8:33	RE 19927	Roßtal 8:46 – Heilsbronn 8:53 – Wicklesgreuth 8:59 – Ansbach 9:06 – Crailsheim 9:41 –Schwäbisch Hall-H. 9:59 – Backnang 10:49 – **Stuttgart 11:18**	8
8:33	S1 39127	**Lauf (li.Pegn) 8:55**	2
8:24	ICE 1512	Bamberg 9:06 – Jena Hbf 10:52 – Naumburg 11:17 – **Leipzig 11:56**	8
8:52	ICE 1603	**München Hbf 10:04** **Abfahrt Abschnitt A–C:**	8
	S1 39129	Lauf (li.Pegn) 9:15 – **Hersbruck (li.Pegn) 9:25**	3
8:57	ICE 3777	Augsburg 10:07 – M-Pasing 10:31 – **München Hbf 10:41**	8

2

Bus Nr. 38			
Haltestelle:			
Marienburg Südpark	20:33	20:48	21:03
Marienburger Str.	20:34	20:49	21:04
Goltsteinstr./Gürtel	20:35	20:50	21:05
Tacitusstr.	20:37	20:52	21:07
Koblenzer Str.	20:38	20:53	21:08

3

Bahnhof	*Datum*	*Zeit*	*Gleis*
Ulm Hbf	31.07.	ab 10:05	1
Stuttgart Hbf	31.07.	an 11:06	9
Stuttgart Hbf	31.07.	ab 11:27	8
Mannheim Hbf	31.07.	an 12:05	3
Dauer: 2:00, fährt täglich			

1 Wann kommen die Züge in Nürnberg an? Wann fahren die Züge in Nürnberg ab?
2 Hat der Bus Verspätung? Wie oft fährt der Bus?
3 Wo muss man umsteigen? Was kostet die Fahrkarte?

b Ergänzen Sie die Informationen.

1 Sie möchten um ca. 8.30 Uhr nach Stuttgart fahren.

Abfahrt: ______ Zugnummer: RE19927
Gleis: ______ Ankunft Stuttgart: ______

2 Sie sind in der Marienburger Straße und müssen um 21 Uhr in der Koblenzer Straße sein.

Abfahrt: ______ Ankunft: ______

3 Sie fahren von Ulm nach Mannheim.

Abfahrt: ______ Gleis: 1
Umsteigen in: ______ Fahrtzeit: ______

Test Lektion 11

1 Finden Sie noch vier Wörter und ordnen Sie zu.

V A M P E L D W V E F J K Z S (V E R S P Ä T U N G) B U B A H N A
J T I K W F H A L T E S T E L L E X N R Q L P H I A U T O B A H N

- ◆ Gestern hatte der Bus Verspätung (a). Ich habe 40 Minuten an der .... (b) gewartet.
- ○ Das Problem kenne ich. Ich nehme nie den Bus oder die .... (c). Ich fahre nur mit dem Auto.
- ◆ Aber mit dem Auto musst du an der .... (d) warten.
- ○ Nein, ich fahre auf der .... (e). Das geht schnell.

Wörter
...... / 4 Punkte
● 0–2
● 3
...... ● 4

2 Ergänzen Sie.

Linda fährt mit d............ Bus (a) z............ Arbeit (b). Sie arbeitet bei e............ Arzt (c). Die Praxis ist zwischen d............ Post (d) und d............ Hotel Ritz (e). Am Abend fährt Sie wieder nach Hause (f). Sie geht noch z............ Supermarkt (g) und kauft ein. .... Hause (h) wartet ihr Hund. Am Abend geht Linda mit Anne i............ Kino (i). Am Wochenende fährt sie in d............ Schweiz (j).

Grammatik
...... / 9 Punkte

3 Ergänzen Sie: Der Ball ist …

a  neben dem Schrank.

b  .... Tisch.

c  .... Bett.

d  .... Küche.

e  .... Büchern.

f  .... Lampe.

...... / 5 Punkte
● 0–7
● 8–11
...... ● 12–14

4 Was ist richtig? Umkreisen Sie.

a ◆ Entschuldigung, ich suche den Bahnhof.
○ (Tut mir leid, ich bin nicht von hier.) / Da drüben ist ein Fahrkartenautomat.

b ◆ Wie komme ich zum Krankenhaus?
○ Das ist in der Nähe. / Fahren Sie mit dem Bus, Haltestelle Marktplatz.

c ◆ Wo gibt es hier eine Bäckerei?
○ Ja, in der Baumstraße. / An der Ecke, neben der Apotheke.

d ◆ Kann ich zu Fuß zur Schule gehen?
○ Nein, das ist zu weit. / Gehen Sie immer geradeaus.

e ◆ Wo kann ich Bücher ausleihen?
○ Tut mir leid, ich habe keine Bücher. / Da gehen Sie zur Bücherei.

Kommunikation
...... / 4 Punkte
● 0–2
● 3
...... ● 4

A Gleich **nach dem Kurs** gehe ich hin.

A1 **1 Ergänzen Sie: *vor – nach*.**

Wiederholung A1, L5

A  Viertel nach eins.

B  Zwanzig ________ neun.

C  Viertel ________ sieben.

D  Fünf ________ acht.

A1 **2 Ergänzen Sie: *beim – bei der – bei den – nach dem – nach den – vor dem – vor der*.**

Das ist Kioko …

A

vor dem Deutschkurs.

________ Deutschkurs.

B

________ Training.

________ Training.

C

________ Arbeit.

________ Arbeit.

D

________ Hausaufgaben.

________ Hausaufgaben.

A1 **3 Sorins Tag: Schreiben Sie.**

← vor
+ bei
→ nach

a Sorin steht um 6.30 Uhr auf.
(6.30 Uhr aufstehen)

b Vor dem Frühstück ……………….
(● Zeitung holen ← ● Frühstück)

c Beim ……………….
(● Frühstück + ● Zeitung lesen)

d Nach ……………….
(● Frühstück → ● Arbeit fahren)

e Um ……………….
(12.00 Uhr Mittagspause machen)

f ……………….
(ein bisschen spazieren gehen ← ● Mittagessen)

g ……………….
(● Mittagessen + mit Kollegen sprechen)

h Dann ……………….
(bis 17.00 Uhr arbeiten)

i ……………….
(● Arbeit → ● Deutschkurs fahren)

A2 **4 Ergänzen Sie: *vor – seit*.**

Wiederholung A1, L8

◆ Hallo, Tina! Ich habe dich seit fast drei Monaten nicht mehr gesehen. Wie geht es dir?
○ Danke, prima. Ich war in den USA. Ich bin erst ………… einer Woche zurückgekommen. Und wie geht es dir?
◆ Super. Danke. Ich arbeite ………… zwei Wochen wieder. Ich habe ………… zwei Monaten endlich einen Job gefunden.

A2 **5 *nach, seit, vor***

a Was ist richtig? Umkreisen Sie.

1 ◆ Hast du mal wieder Zeit?
○ Ja, nach den Tests. Ja, bei den Tests.

2 ◆ Ist dein Auto schon lange kaputt?
○ Ja, seit dem Picknick am Sonntag. Ja, vor der Arbeit.

3 ◆ Wann hattest du deinen Deutschtest?
○ Seit einer Woche. Vor einem Jahr.

4 ◆ Meine Waschmaschine ist kaputt. Wann kannst du mir helfen?
○ Vor einer Stunde. Nach dem Unterricht.

5 ◆ Wann hast du die Waschmaschine gekauft?
○ Vor einem Monat. Seit drei Tagen.

b Markieren Sie in a und ergänzen Sie.

	● der/ein	● das/ein	● die/eine	● die/drei ...s/n
nach/vor/ seit	______ Unterricht	______ Picknick	______ Arbeit	den Tests
	______ Monat	______ Jahr	______ Woche	— drei Tagen

A3 **6 Ordnen Sie zu.**

Bei der | nach der | nach der | ~~Seit drei~~ | seit einer | nach dem | Bei den | Vor einem | vor einem | Seit einem | nach den | vor der

a
◆ Seit drei Tagen funktioniert unser Herd nicht mehr.
○ Das ist nicht gut. Der Herd war erst ______ Monat in Reparatur.

b
◆ Wann hast du deine Tasche und die Kleider genäht?
○ ______ Jahr.

c
◆ Ich warte hier schon ______ Stunde.
○ Tut mir leid.

d
◆ ______ Arbeit darfst du nicht rauchen.
○ Aber ______ Arbeit und ______ Arbeit darf ich rauchen. Ich mache gerade Pause!

e
◆ Wann gehst du immer ins Training?
○ Am Mittwochabend ______ Arbeit.

f
◆ Wie lange lernst du schon Deutsch?
○ ______ Monat.

g
◆ Gehen wir ______ Deutschkurs noch spazieren?
○ Ja, gern.

h
◆ ______ Hausaufgaben stört die Musik. Bitte mach die Musik aus!
○ Okay. Aber ______ Hausaufgaben will ich wieder Musik hören!

B Sie bekommen sie **in vier Wochen**.

B1 **7 Verbinden Sie und schreiben Sie.**

in einer	Stunden	a	in zwei Stunden
in einem	Tagen	b	....
in zwei	Woche	c	....
	Monaten	d	....
	Stunde	e	....
	Jahr	f	....
	Wochen	g	....
	Monat	h	....
	Jahren	i	....

B1 **8 Ergänzen Sie: *bis – ab – in*.**

a
- ◆ Bis wann machst du Hausaufgaben?
- ○ .... vier Uhr.
- ◆ Ich arbeite bis fünf Uhr. .... fünf Uhr habe ich Zeit.

b
- ◆ Wann fährst du nach Berlin?
- ○ Am Montag. Also .... einer Woche.
- ◆ Und ab wann bist du wieder zurück?
- ○ .... Sonntag. Also .... zwei Wochen.

c
- ◆ Wann kann ich Sie morgen anrufen?
- ○ .... acht Uhr bin ich in der Arbeit.
- ◆ Und wie lange?
- ○ .... zwölf Uhr.

d
- ◆ Hallo Tanja, ist Iris da?
- ○ Nein, sie hat .... sechs Uhr Kurs, sie kommt aber sicher gleich.
- ◆ Gut, dann rufe ich .... einer Stunde wieder an.

e
- ◆ Wann können wir dich am Samstag besuchen?
- ○ Ich bin .... 13 Uhr zu Hause. Am Vormittag muss ich arbeiten.

f
- ◆ Tschüs, Max! Ich gehe einkaufen. Ich bin .... einer Stunde zurück.
- ○ Brauchst du Hilfe? Ich habe .... 15 Uhr Zeit. Soll ich mitkommen?
- ◆ Nein, danke.

B1 9 Was passt nicht? Streichen Sie.

a
- Wann bist du nach Deutschland gekommen?
- Im Sommer. – ~~Morgen~~. – Vor einem Monat.

b
- Ab wann kannst du zum Deutschkurs gehen?
- Ab Montag. – Ab heute. – Bis morgen.

c
- Wann kommen deine Eltern nach Berlin?
- Zwei Wochen. – In zwei Tagen. – Am Sonntag.

d
- Wie lange bleibt Eleni in Köln?
- Bis Montag. – Im Herbst. – Zwei Monate.

B2 10 Was ist richtig? Umkreisen Sie.

a
- (Bis wann) Seit wann können Sie den Fernseher reparieren?
- Bis Samstag.
- Holen Sie ihn heute noch ab?
- Ja, seit in einer Stunde.

b
- Ab wann Seit wann kann ich Sie morgen anrufen?
- Bis Ab sieben Uhr und ich bin bis ab 16 Uhr da.

c
- Wie lange Wann kann ich den Computer abholen?
- In Ab 17 Uhr. Wir haben seit bis 19 Uhr geöffnet.

d
- Wann Wie lange bringen Sie die Waschmaschine wieder?
- In Am Freitag.

e
- Wann kommen Sie?
- Am Um 15 Uhr. Sind Sie da zu Hause?
- Ja, ich bin ab bis 14 Uhr zu Hause.

B

B3 11 Was ist das? Schreiben Sie und ergänzen Sie: • *der* – • *das* – • *die*.

A

B

C

D

• das Radio ____ ____ ____

B3 12 Ordnen Sie zu.

~~Seit wann~~ | Wie lange | Wann | ab wann | Wie lange | Bis wann

a

◆ Meine Heizung funktioniert nicht.
○ Seit wann ist die Heizung denn kaputt?
◆ Seit gestern Abend. ____ kann der Techniker kommen?
○ In einer Stunde.
◆ ____ braucht er für die Reparatur?
○ Das kann ich Ihnen nicht sagen.

b

◆ Mein Drucker ist kaputt. ____ kann ich den Drucker abgeben?
○ Bis 18:00 Uhr.
◆ ____ dauert die Reparatur?
○ Eine Woche. Am Freitag ist er fertig.
◆ Und ____ kann ich ihn abholen?
○ Ab 8.00 Uhr.

B3 13 Ordnen Sie und schreiben Sie das Gespräch.

( ) ○ Gut, vielen Dank.
( ) ◆ Zeigen Sie mal. Hm ...
(1) ◆ Guten Tag, was kann ich für Sie tun?
(4) ○ Was denken Sie: Wie lange brauchen Sie für die Reparatur?
( ) ○ Guten Tag. Mein Tablet funktioniert nicht. Ich brauche dringend Hilfe.
( ) ◆ Das kann ich noch nicht sagen. Vielleicht bis nächste Woche. Fragen Sie bitte am Freitag noch mal nach.
( ) ◆ Bitte, gern.

◇ Guten Tag, was kann ich für Sie tun?

C Könnten Sie mir das bitte zeigen?

C1 14 Was ist sehr freundlich? Umkreisen Sie.

a Würdest du bitte nicht so schnell fahren? | Fahr nicht so schnell.
b Könnte ich bitte eine Plastiktüte haben? | Geben Sie mir bitte eine Plastiktüte.
c Unterschreiben Sie bitte hier. | Würden Sie bitte hier unterschreiben?
d Bringen Sie mir bitte die Rechnung. | Könnten Sie mir bitte die Rechnung bringen?
e Könntet ihr bitte euer Zimmer aufräumen? | Räumt bitte euer Zimmer auf.

C1 15 Könntest du ...?

a Schreiben Sie höfliche Bitten.

1 Ich brauche ein Wörterbuch. (du mir – mein Wörterbuch – zurückgeben – könntest – bitte)
Könntest du mir bitte mein Wörterbuch zurückgeben?

2 Tut mir leid, der Chef ist nicht da. (Sie – später noch einmal – anrufen – bitte – könnten)
....?

3 So, fangen wir jetzt an. (ihr – zuhören – würdet – bitte)
....?

4 Wir haben kein Brot mehr. (bitte – zur Bäckerei – würdest – gehen – du?)
....?

b Markieren Sie in a und ergänzen Sie.

	könnte-	würde-	
du	Könntest du		bitte ...?
Sie		Würden Sie	bitte ...?
ihr	Könntet ihr		bitte ...?

C2 16 Schreiben Sie höfliche Bitten.

a Meine Spülmaschine ist kaputt. Kommen Sie doch bitte vorbei.
Könnten Sie bitte vorbeikommen?
Würden Sie

b Ich habe einen Termin mit Herrn Meier. Reservieren Sie bitte einen Tisch.
K
W

c Du darfst hier nicht telefonieren. Mach bitte dein Handy aus.
K
W

d Eure Schwester schläft. Seid bitte leise.
K
W

C

C2 **17** **Ordnen Sie zu und schreiben Sie Bitten mit *würden* in der richtigen Form.**

Zigarette ausmachen | bei den Hausaufgaben helfen | ~~wiederholen~~ | dein Zimmer aufräumen

A

Würden Sie das bitte wiederholen?

C

....

B

....

D

....

C3 **18** **Ordnen Sie zu.**

anmachen | ~~aufmachen~~ | ausmachen | zumachen

A

die Tür aufmachen

C

das Radio ....

B

die Tür ....

D

das Radio ....

C3 **19** **Ordnen Sie zu und ergänzen Sie in der richtigen Form.**

• ~~ein Ausflug~~ | • das Buch | • ~~der Fernseher~~ | • die Augen | • eine Party | • der Schrank | • das Licht | • das Fenster | • die Heizung | • der Mund | • ein Picknick | • die Spülmaschine | • ein Kuchen | • ein Kurs | • die Flasche

machen	anmachen, ausmachen	aufmachen, zumachen
einen Ausflug,	den Fernseher,	

D2 **20** **Was ist richtig? Hören Sie und kreuzen Sie an.**

2 ▶ 31–33 Prüfung Hören, Teil 3

Sie hören jeden Text zweimal.

1 Wann hat das Amt Sprechzeiten?
- a ◯ Am Montagnachmittag.
- b ◯ Am Mittwochnachmittag.
- c ◯ Am Donnerstagnachmittag.

2 Wie lange dauert die Reparatur?
- a ◯ Bis morgen.
- b ◯ Bis Freitag.
- c ◯ Bis neunzehn Uhr.

3 Wann ruft Steffi noch einmal an?
- a ◯ Vor dem Training.
- b ◯ Nach dem Training.
- c ◯ Morgen vor der Arbeit.

D3 **21** **Wie heißen die Wörter? Ergänzen Sie.**

Hier ist der Anschluss (schlussAn) von Familie Mokhtari. Im ………… (mentMo) sind wir nicht ………… (barreicher). Bitte ………… (lashinsenter) Sie eine ………… (richtNach). Wir ………… (fenru) ………… (rückzu).

D4 **22** **Reklamationen**

a Ordnen Sie.

E-Mail senden

An: kundenservice@falando.de | Betreff: Bestellnummer 123456

◯ ich habe vor zwei Wochen ein Handy bei Ihnen gekauft.
◯ Aber leider haben Sie nicht zurückgerufen.
(1) Sehr geehrte Damen und Herren,
(4) Ich habe eine Nachricht auf Ihrem Anrufbeantworter hinterlassen.
◯ Mit freundlichen Grüßen
◯ Es ist schon kaputt.
◯ Ich schicke Ihnen das Handy jetzt zurück. Würden Sie das Handy bitte reparieren?
◯ Nyota Tubok

b Schreiben Sie eine E-Mail wie in a. Schreiben Sie auch eine Anrede und einen Gruß.

Sie haben vor einem Monat ein Tablet bei Falando gekauft. Sie haben das Tablet noch nicht bekommen. Sie haben schon vor einer Woche eine E-Mail geschrieben. Aber Falando hat nicht zurückgeschrieben. Schreiben Sie noch eine E-Mail und fragen Sie: Wann kommt das Tablet?

E Hilfe im Alltag

E1 23 Ordnen Sie zu.

Angebote | ~~bestellen~~ | Besuch | draußen | Feiertage | Gerichte | günstig | Online | Schülerin | Urlaub | weg

A

Essen Sie gern indisch? Dann bestellen Sie bei *Sandeep*! ______ auf unserer Homepage oder per Telefon. Unsere ______: ______ mit Fleisch oder Gemüse und immer mit viel Reis – alles sehr ______.

Montag bis Samstag: 11 – 23 Uhr, Sonntage und ______: 11 – 22 Uhr

B

Die Hundeaufpasserin

Sie bekommen ______ oder fahren am Wochenende in ______? Der Hund muss ______.

______, 14 Jahre, geht mit ihrem Hund nach ______.

Telefon: 0168 24 24 58

E2 24 Finden Sie noch acht Wörter und ordnen Sie zu.

a Wie funktioniert Ihre Kaffeemaschine? Lesen Sie bitte die Gebrauchsanweisung.

b Vor der Reinigung den ______ bitte aus der ______ ziehen.

c Für die Reinigung den Deckel oben am ______ öffnen und den Wasserbehälter ______.

d Den Wasserbehälter mit ______ reinigen.

e Wollen Sie Ihre Kaffeemaschine einschalten oder ______? Drücken Sie die ______ auf der Rückseite bitte 5 Sekunden lang.

f Ihre Kaffeemaschine ist kaputt? Kein Problem. Wir reinigen und reparieren alle Geräte zu einem günstigen ______.

T	K	K	A	S	E	N	H
A	T	A	S	T	E	L	E
U	M	F	R	E	G	O	R
S	P	F	A	C	H	P	A
S	T	E	C	K	E	R	U
C	H	E	S	D	R	E	S
H	K	M	B	O	V	I	N
A	M	A	W	S	O	S	E
L	D	S	P	E	T	T	H
T	U	C	X	S	Ö	K	M
E	Ä	H	I	E	M	N	E
N	S	I	N	Ü	Y	J	N
S	Ö	N	G	E	R	Ä	T
T	Ä	E	S	S	I	G	X

E4 25 Ordnen Sie zu.

Könnte ich bitte | ~~kann ich für Sie tun~~ | sind hier richtig | Vielen Dank | Würden Sie

◆ Firma Marksteiner, guten Tag. Was kann ich für Sie tun?

○ Hallo. Hier spricht Sharov. ______ den Kundenservice sprechen?

◆ Sie ______. Wie kann ich helfen?

○ Ich habe bei Ihnen eine Kaffeemaschine gekauft. Jetzt steht auf dem Display „Reinigung". Was muss ich denn jetzt machen? ______ mir das erklären?

◆ Ja, gern. Drücken Sie bitte die Taste „Menü" und dann bis „Reinigung". Drücken Sie dann auf „Ok". Die Reinigung beginnt. Am Ende drücken Sie wieder „Ok". Fertig!

○ ______ für die Hilfe.

E4 26 Wörter mit *ng*

2 ▶ 34 **a** Hören Sie und ergänzen Sie: *g – n – ng*.

Phonetik

1 Wie la_ng_e brauche___ Sie für die Rei___i___u___?
Es ist dri___e___d.
2 Kön___test du bitte die Zeitu___ mitbri___e___?
3 Sie fi___de___ alle I___formatio___en in der ___ebrauchsa___weisu___.
4 Ich habe die Rechnu___ bezahlt, aber das ___erät fu___ktio___iert nicht. Würde___ Sie mir das ___eld zurückgebe___?

2 ▶ 35 **b** Wörter mit *ng*: Hören Sie und sprechen Sie nach.

die Reinigung – die Gebrauchsanweisung – die Rechnung – die Heizung – das Training – die Wohnungstür

c Ergänzen Sie noch sechs Wörter mit *ng* und lesen Sie laut.

Entschuldigung, Hunger, ___

___

E4 27 Formulieren Sie Bitten zu den Kärtchen und reagieren Sie.

Prüfung Sprechen, Teil 3

Kann ich bitte ... bekommen/haben/nehmen? Könnten Sie bitte ... bringen/mitbringen/kaufen/reparieren? Könnten Sie ...? Würden Sie ...?	Natürlich, hier bitte. Ja, natürlich. | Ja, gern. Okay, mache ich. | Na klar! Nein, tut mir leid.

Test Lektion 12

1 Ordnen Sie zu.

erreichbar | zumachen | ~~Drucker~~ | hinterlassen | drücken | anmachen | reparieren | kaputt

a ◆ Mein Drucker ist ………………… .
Kannst du ihn ………………… ?
○ Du musst einfach die rote Taste ………………… !

b ◆ Es ist kalt.
○ Du kannst ja das Fenster ………………… und die Heizung ………………… .

c ◆ Hm ... die Firma Technico ist nicht ………………… .
○ Aber du kannst eine Nachricht ………………… , oder?

Wörter
……/7 Punkte
● 0–3
● 4–5
……● 6–7

2 Ergänzen Sie: *vor – nach – beim – in – bis – ab* und *dem – der*.

a ◆ Mein Deutschkurs dauert noch bis November.
○ Und was machst du ………… ………… Deutschkurs?
◆ Ich besuche Freunde. Und ………… sechs Monaten mache ich eine Ausbildung.

b ◆ Ich gehe ………… ………… Party noch schwimmen. Kommst du mit? ………… wann hast du Zeit?
○ ………… halb vier bin ich ………… Training.

Grammatik
……/8 Punkte

3 Schreiben Sie Bitten mit *könnten* oder *würden*.

……/3 Punkte

a Frau Sauerfeld ist nicht da. Rufen Sie bitte später noch einmal an.
Könnten Sie bitte später noch einmal anrufen?

b Max, du musst jetzt schlafen. Mach bitte das Licht aus.
W…………………………………

c Mein Computer funktioniert nicht mehr. Hilf mir bitte.
K…………………………………

d Meine Spülmaschine ist kaputt. Schicken Sie bitte heute noch einen Techniker.
W…………………………………
…………………………………

● 0–5
● 6–8
……● 9–11

4 Verbinden Sie.

a ◆ Was kann ich für Sie tun? — 4
b ◆ Könnte ich bitte den Kundenservice sprechen?
c ◆ Wie lange brauchen Sie für die Reparatur?
d ◆ Wann kann der Techniker kommen?

1 ○ Bis Montag oder Dienstag.
2 ○ In einer Stunde.
3 ○ Ja, hier sind Sie richtig. Wie kann ich helfen?
4 ○ Guten Tag. Hier spricht Kaminski. Mein Herd ist kaputt.

Kommunikation
……/3 Punkte
● 0–1
● 2
……● 3

A Sieh mal, Lara, **die Jacke** da! **Die** ist super!

A1 **1 Ergänzen Sie.**

A

1 ● das T- S h i r t
2 ● der ___ ü ___ ___ ___ l
3 ● die ___ ___ s ___
4 ● die S ___ ck ___ ___
5 ● die ___ ___ ___ uh ___

B

1 ● das T ___ ___ ___
2 ● die ___ a ___ k ___
3 ● die B ___ ___ s ___
4 ● der ___ ___ ck
5 ● die ___ t ___ ü ___ ___ f ___

A1 **2 Ordnen Sie zu.**

Wieder-holung A1, L3 L4 L6

einen ~~eine~~ Der den Die die

Hugo kauft eine Hose und ________ Pullover. ________ Hose ist hellblau. ________ Pullover ist braun. Klara findet ________ Hose toll und ________ Pullover auch sehr schön.

A2 **3 Wie gefällt dir ...?**

2 ▶ 36 **a** Ordnen Sie die Gespräche. Hören Sie dann und vergleichen Sie.

1

◯ ◆ Das ist zu klein, oder?
◯ ◆ Die finde ich toll!
◯ ○ Nein, das finde ich auch super!
◯ ○ Ja, die ist wirklich schön. Und das T-Shirt?
(1) ○ Na, wie gefällt dir die Jeans?

2

◯ ◆ Stimmt. Und wie findest du den Mantel?
◯ ○ Ja, die finde ich auch schön, aber teuer.
◯ ◆ Ja, und der ist auch günstig!
◯ ○ Den finde ich toll.
(1) ◆ Sieh mal, die Stiefel. Die sind wirklich schön.

b Markieren Sie in a und ergänzen Sie.

	● der Mantel	● das T-Shirt	● die Jeans	● die Stiefel
Wer/Was ist schön?/ gefällt dir?	________	________	die	________
Wen/Was findest du schön?	________	________	die	________

A2 4 Was ist richtig? Umkreisen Sie.

a
- ◆ Sieh mal, der | den Mantel. Der | Den ist doch schön!
- ○ Nein, der | den ist langweilig.
- ◆ Was? Der | Den finde ich prima.

b
- ◆ Wie findest du die | das Schuhe?
- ○ Den | Die finde ich gut.
- ◆ Und der | die Jacke?
- ○ Den | Die auch.

c
- ◆ Wo hast du das | den Fernseher gekauft?
- ○ Das | Den habe ich im E-Markt gekauft.

A2 5 Ordnen Sie zu.

Das | Das | den | den | der | ~~Die~~ | Die | die | die

a
- ◆ Sieh mal, die Jacke dort. Die ist wirklich toll.
- ○ Ja, ... finde ich auch schön, aber leider ist sie etwas dünn.
- ◆ Und wie findest du das Kleid? .... ist doch zu weit, oder?
- ○ Ja, stimmt. .... ist zu groß.

b
- ◆ Ich brauche einen Schirm. Wie findest du ....?
- ○ Hm, ... finde ich etwas langweilig.
  Aber .... hier ist sehr schön.
- ◆ Ja, stimmt. Oh, sieh mal, die Stiefel da!
  .... sind ja toll.
- ○ Ja, ... finde ich auch super.

A2 6 Ergänzen Sie.

a ◆ Da kommt unser Bus. ○ Nein, das ist nicht unser Bus. Den können wir nicht nehmen.
b ◆ Findest du den Computer auch so günstig? ○ Nein, ... finde ich teuer.
c ◆ Dein Mantel ist sehr schön. ○ Danke. .... ist ganz neu!
d ◆ Wie findest du das Tuch hier? ○ .... finde ich nicht schön.
e ◆ Seit wann hast du denn das Auto? ○ .... habe ich seit drei Monaten.
f ◆ Kennst du Marions Freund? ○ Nein, ... kenne ich nicht.
g ◆ Luka braucht einen Gürtel. ○ Er kann .... da nehmen!
h ◆ Sollen wir noch Orangensaft kaufen? ○ Nein, ... ist nicht so gut.

B1 **7 Ergänzen Sie *gefallen* in der richtigen Form.**

Wiederholung A1, L4

a ◆ Wie gefallen dir die Schuhe? ○ Die sind super. Sie passen perfekt.
b ◆ Und .... dir auch die Stiefel? ○ Nein. Die sind zu klein.
c ◆ Wie .... Ihnen der Rock? ○ Er .... mir sehr gut.
d ◆ Passt dir die Jacke? ○ Ja, aber sie .... mir nicht so gut.

B2 **8 Der gefällt ihm sehr gut.**

a Ordnen Sie zu.

Der gefällt ihm sehr gut. | ~~Die passt mir super.~~ | Das Kleid steht dir wirklich gut. | Warum gefällt euch mein Kleid nicht?

1

◆ Passt Ihnen die Hose?
○ Die passt mir super.

3

◆ ....
....
Es sieht doch super aus.

2

◆ Wie geht's Rami? Was macht sein Job?
○ ....
....

4

◆ Also, ich muss sagen: ....
....
....

b Markieren Sie in a und ergänzen Sie.

		ich	du	er/sie	wir	ihr	sie/Sie
1 die Hose	passt						
2 der Job	....	mir	....	............/ihr	uns	....	ihnen/ Ihnen
3 das Kleid	....						
4 das Kleid	....						

B3 9 Was ist richtig? Umkreisen Sie.

a

◆ Wie findest du meine Brille? Die ist neu.

○ Die steht dir euch sehr gut.

b

◆ Hast du Olgas Hose gesehen?
Die steht ihm ihr richtig gut!

○ Ja, finde ich auch.

c

◆ Mir Euch gefällt Ihre Hose, Frau Stellwege.
Die steht dir Ihnen sehr gut.

○ Vielen Dank.

B3 10 Schreiben Sie die Sätze mit *gefallen*.

a Wir finden den Mantel schön. = Der Mantel gefällt uns.
b Ich finde die Schuhe sehr gut. = Die Schuhe gefallen ______.
c Sie findet das Tuch toll. = Das Tuch ______.
d Er findet die Jeans gut. = ______.
e Marijana und Matej finden die Möbel sehr schön. = ______.

B3 11 Schreiben Sie die Sätze neu mit *er – es – sie* und *ihm – ihr – ihnen*.

a Frau Brettner hat online Schuhe bestellt.
Aber die Schuhe passen Frau Brettner nicht.
Aber sie passen ihr nicht.

b Herr Fink hat einen Tisch gekauft.
Aber jetzt gefällt der Tisch Herrn Fink nicht mehr.
______

c Die kleine Anna bekommt ein Fahrrad von den Eltern.
Aber das Fahrrad gefällt Anna nicht.
______

d Mohammad sieht im Geschäft einen tollen Pullover.
Aber der Pullover steht Mohammad leider nicht.
______

e Hosen kaufen? Das ist nicht einfach für Frau Bystrova.
Die Hosen passen Frau Bystrova nicht!
______

f Ich habe Oleg und Renata eine Lampe gegeben.
Aber die Lampe gefällt Oleg und Renata nicht.
______

C2 12 Was ist richtig? Umkreisen Sie.

a ◆ Wie ist dein Job? Gefällt er dir?
○ Es geht. Ich möchte besser | lieber nur halbtags arbeiten.

b ◆ Geht es dir gut?
○ Ich war krank, aber jetzt geht es mir wieder besser | lieber.

c Im E-Markt kostet eine Packung Kaffee 6,99 Euro, bei Topfit kostet er besser | mehr und am liebsten | am meisten kostet er bei Superspar.

d ◆ Was machst du gern am Wochenende?
○ Ich gehe gern tanzen oder ins Kino, aber am liebsten | am besten koche ich.

e ◆ Was findest du besser | lieber? Den Pullover oder die Bluse?
○ Die Bluse, aber am besten | am liebsten gefällt mir das T-Shirt.

C2 13 Ergänzen Sie in der richtigen Form.

a **gern**
◆ Möchtest du lieber ☺ ☺ einen Apfel, eine Birne oder eine Orange?
○ Eine Birne. Ich esse _____ ☺ Äpfel, aber Orangen esse ich _____ ☺ ☺ und _____ ☺ ☺ ☺ esse ich Birnen.

b **gut**
◆ Kannst du _____ ☺ Deutsch sprechen?
○ Es geht. Ich denke, ich kann _____ ☺ ☺ Englisch sprechen.
Aber _____ ☺ ☺ ☺ kann ich Serbisch sprechen.

c **viel**
◆ Du machst so viel Sport, Adam. Was machst du _____ ☺ ☺ ☺?
○ Schwimmen! Aber ich bin auch _____ ☺ im Fitnesscenter.
◆ Schwimmbad und Fitnesscenter! Ist das nicht teuer?
Was kostet _____ ☺ ☺: das Schwimmbad oder das Fitnesscenter?
○ Das Schwimmbad. Es gibt leider keine Monatskarte.

C2 14 Ordnen Sie zu.

Klara **mag** Hunde.

Sie **geht gern** mit ihren Hunden **spazieren**.

esse sehr gern | gehe gern | lernen gern | wohnt gern | ~~mag~~ | mag | Magst | mögen

a Ich mag schöne Kleider. Ich _____ einkaufen.
b Merve und Pietro _____ Sprachen. Sie _____ Sprachen.
c _____ du auch Gemüse? Ich _____ Gemüse.
d Zlatan _____ Frankfurt. Er _____ dort.

C2 **15** ***b, d, g – p, t, k***

Phonetik **a** Was fehlt? Ergänzen Sie *b, d, g, p, t* oder *k*.

1 ◆ Ich ma g Bra___wurs___. Un___ du?
○ Ich nich___. Ich esse lie___er Käse.
Un___ am lie___sten esse ich O___st.

2 ◆ Wills___ du mi___ dem Fahrra___ zur Arbei___ fahren?
Es is___ zu kal___ heute.
○ Kein Problem. Win___ un___ Regen sin___ toll!
Ma___st du keinen Regen?

2 ▶ 37–38 **b** Hören Sie und vergleichen Sie.

2 ▶ 39 **c** Hören Sie und sprechen Sie nach.

1 ich mag – wir mögen
2 das Fahrrad – die Fahrräder
3 lieber – am liebsten – am liebsten Obst

C3 **16** **Schreiben Sie.**

A

☺ chatten
☺ ☺ Musik hören
☺ ☺ ☺ Computerspiele spielen

Was macht Amidou viel?
Amidou chattet viel.
Er hört mehr Musik.
Und am meisten spielt er Computerspiele.

B

☺ kochen
☺ ☺ Fahrräder reparieren
☺ ☺ ☺ Schach spielen

Was kann Ajit gut?
Ajit kann gut ___

C

☺ wandern
☺ ☺ Rad fahren
☺ ☺ ☺ Motorrad fahren

Was machen Raluka und Adrian gern?

D Welche meinst du? – Na, diese.

D1 17 Was ist richtig? Umkreisen Sie.

a ◆ Welcher | Welche Mantel gefällt dir am besten?
○ Dieser | Diese hier. Den finde ich sehr schön.

b ◆ Welche | Welches Schuhe passen dir besser?
○ Diese | Dieses hier. Und sie sehen gut aus.

c ◆ Welche | Welches Kleid steht mir?
○ Diese. | Dieses. Es ist toll.

d ◆ Welcher | Welche Farbe steht mir besser: Blau oder Braun?
○ Blau. Aber dieser | diese Hose passt dir nicht. Sie ist zu lang.

D2 18 Ergänzen Sie: *Welcher – Welches – Welche* und *Dieser – Dieses – Diese*.

a ◆ Welcher • Regenschirm gehört dir?
○ Dieser hier.

b ◆ .... • Sofa gefällt Ihnen?
○ .... hier.

c ◆ .... • Bluse steht mir?
○ .... hier.

d ◆ .... • Finger tut dir weh?
○ .... hier.

e ◆ .... • Socken passen euch?
○ .... hier.

D2 19 Ordnen Sie zu.

diese | dieses | ~~dir~~ | euch | uns | Ihnen | mir | ihm | Welche | welche | Welches

a ◆ Gehört die Jacke dir ?
○ .... Jacke? Die blaue? Nein, die gehört .... nicht.

b ◆ Hallo? Gehört das Auto .... ? Hier dürfen Sie nicht parken.
○ .... Auto? Das da? Nein, ... Auto ist nicht mein Auto. Mein Auto ist dort.

c ◆ Hallo, Lena. Hallo, Paul. Oh, ein Hund! Gehört der .... ?
○ Nein. Der Hund gehört .... leider nicht. Das ist der Hund von Herrn Müller.

d ◆ Bring bitte Ahmads Stiefel mit. Es schneit und er hat nur seine Sommerschuhe dabei.
○ Ah, ... Stiefel gehören .... ? Die Stiefel im Flur?
◆ Aber nein, ... Stiefel gehören Mina. Ahmads Stiefel sind im Schrank.

D3 20 Was ist richtig? Umkreisen Sie.

Das Stadtviertel Neukölln gefällt | schmeckt Eleni besonders gut. Dort sind viele Restaurants. Aber Bratwürste gefallen | schmecken Eleni nicht. Sie isst lieber Fisch. Auch Bier gefällt | schmeckt ihr nicht. „Wein gefällt | schmeckt besser", findet sie. Die vielen Läden und Geschäfte gefallen | schmecken ihr sehr gut. „Seht mal, diese Blumen habe ich in dem Laden an der Ecke gekauft. Wie gefallen | schmecken sie euch?" Neben dem Laden ist ein Eis-Laden. „Hm, das Vanilleeis kann ich empfehlen. Das gefällt | schmeckt am besten."

D3 21 Finden Sie noch sechs Wörter und ordnen Sie zu.

BLUMENJHAERGZTJBRATWURSTJLTHRBGBRILLELASFIKOFFER SCHIRMQGEAKTOSOCKENBDNMPÜLAEDQFBNRISTADTVIERTEL

Marian fährt am Wochenende mit dem Zug nach Feudenheim. Das ist ein Stadtviertel 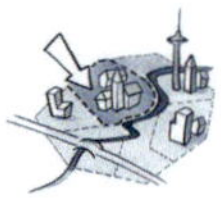 von Mannheim. In seinem ....  sind T-Shirts, Hosen, ...  und ein .... . Am Bahnhof hat er noch Zeit. Er kauft eine ....  und ....  für seine Freundin Hanna. In Mannheim wartet eine Frau am Bahnsteig. Ist das Hanna? Oje, wo ist seine .... ?

D3 22 Matteo und Elena beim Einkaufen

2 ▶ 40 **a** Hören Sie und ergänzen Sie die Antwort.

1 Was ist im Moment günstig? ....

2 Wer kauft eine Jacke? ....

2 ▶ 40 **b** Was ist richtig? Hören Sie noch einmal und kreuzen Sie an.

1 ☒ Matteo braucht eine Jacke.
2 ○ Er findet die Jacke zu weit.
3 ○ Elena findet ihre Traumjacke.
4 ○ Die Jacke passt Elena perfekt.
5 ○ Die Jacke kostet 200 Euro.
6 ○ Matteo findet die Jacke zu teuer.
7 ○ Elena findet die Jacke günstig.
8 ○ Matteo kauft einen Mantel.

E1 23 Finden Sie noch sieben Wörter und ordnen Sie zu.

Ergänzen Sie mit ● *der* – ● *das* – ● *die.*

ZAHNBÜRSTEGÖKÜHLSCHRANKIGFKLEIDQSSEIFETZAHNPASTA
QHKNORBLUSEQEFSKUROCKWHBNELÄTDBEKAFFEEMASCHINE

a Damenmode: ....

b Drogerie und Kosmetik: ● die Zahnbürste, ...

c Elektrogeräte: ....

E2 24 Was ist richtig? Kreuzen Sie an.

a ◆ Entschuldigung, können Sie mir bitte helfen?
○ ○ Die finden Sie im Erdgeschoss. ☒ Ja, natürlich.

b ◆ Ich suche Uhren. Wo gibt es die denn?
○ ○ Da müssen Sie ins Untergeschoss gehen. ○ Ja, Moment.

c ◆ Haben Sie diesen Rock auch in Größe 40?
○ ○ Ja, hier bitte. ○ Was kostet er denn?

d ◆ Entschuldigen Sie bitte, wo finde ich den Schmuck? Wissen Sie das vielleicht?
○ ○ Wo ist denn die Kasse, bitte? ○ Den gibt es im Obergeschoss.

E2 25 Ordnen Sie zu und schreiben Sie Gespräche.

Haben Sie die Bluse auch in Rot?	Nein, mit Schuhen ist sie genau richtig.
~~Entschuldigung, ich finde die Spielwaren nicht.~~	Die finden Sie gleich neben dem Eingang.
Ist die Größe so richtig? Ist die Hose nicht zu lang?	Nein, leider nicht.

A

◆ Entschuldigung, ich finde die Spielwaren nicht.

○ ....

B

◆ ....

○ ....

C

◆ ....

○ ....

E2 26 Welche Antwort passt? Verbinden Sie.

a ◆ Kann ich Ihnen helfen?
b ◆ Ja, gern. Welche Größe haben Sie?
c ◆ Und welche Farbe hätten Sie gern?
d ◆ Aber Grün steht Ihnen sicher gut.
e ◆ Hier habe ich eine Hose in Schwarz. ... Passt sie?
f ◆ Hm, diese Hose habe ich nur noch in Grün.
g ◆ Gut. Sie können gleich da vorn bezahlen.

1 ○ Ich brauche Größe 36.
2 ○ Am liebsten Blau oder Schwarz.
3 ○ Sie ist ein bisschen zu klein.
4 ○ Grün gefällt mir nicht.
5 ○ Ja, bitte. Ich suche eine Hose.
6 ○ Meinen Sie? Gut, dann nehme ich die Hose in Grün.
7 ○ Ja, gut. Danke und auf Wiedersehen.

E2 27 Welcher ...? Dieser.

Markieren Sie und ergänzen Sie die Tabelle.

a ◆ Welcher Anzug gefällt dir am besten? ○ Dieser hier.
b ◆ Welchen Film wollen wir sehen? ○ Am liebsten diesen hier, den Krimi.
c ◆ Welches Fahrrad gehört dir? Dieses hier? ○ Nein, dieses da an der Ecke.
d ◆ Welches Auto willst du kaufen? ○ Dieses. Die Farbe Weiß gefällt mir am besten.
e ◆ Welche Hose steht mir? ○ Diese hier passt perfekt und ist nicht zu lang.
f ◆ Welche Schuhe passen dir am besten? ○ Na, diese hier. Die anderen sind viel zu groß.
g ◆ Welche Brille soll ich nehmen? ○ Nimm diese. Die ist nicht so teuer.
h ◆ Welche Würste soll ich kaufen? ○ Kauf diese hier. Die sind gut.

	● der Anzug ● der Film	● das Fahrrad ● das Auto	● die Hose ● die Brille	● die Schuhe ● die Würste
Wer/Was ...?	Welch er ? Dies er .	Welch ___ ? Dies ___ .	Welch ___ ? Dies ___ .	Welch ___ ? Dies ___ .
Wen/Was ...?	Welch en ? Dies ___ .	Welch ___ ? Dies ___ .	Welch ___ ? Dies ___ .	Welch ___ ? Dies ___ .

E3 28 Was ist richtig? Umkreisen Sie.

a ◆ Welchen / Welcher Koffer findest du schön? ○ Diesen / Dieser hier.
b ◆ Welches / Welche Musik hörst du gern? ○ Jazz.
c ◆ Welche / Welcher Rock gefällt dir? ○ Diese / Dieser hier.
d ◆ Welches / Welcher Buch gehört Victoria? ○ Diesen / Dieses hier.
e ◆ Welchen / Welche Stiefel stehen mir am besten? ○ Dieses / Diese hier.
f ◆ Welchen / Welche Zeitschrift liest du am liebsten? ○ Diesen / Diese hier.

E3 29 Verbinden Sie und ergänzen Sie: *Dieser – Diesen – Dieses – Diese*.

◆ Welcher
◆ Welchen
◆ Welches
◆ Welche

Fahrrad soll ich kaufen? ○ Dieses hier ist nicht teuer, aber gut.
Buch möchtest du? ○ ________ da.
Schuhe soll ich nehmen? ○ ________ passen gut.
Rock findest du besser? ○ ________ da. Der gefällt mir.
Pullover gefällt dir besser? ○ ________ hier.
Ausgang müssen wir nehmen? ○ ________ hier. Links.
Kuchen möchtest du? ○ ________ Schokokuchen da.

E3 30 Ergänzen Sie in der richtigen Form: *welche – diese*.

a
◆ Welches Formular muss ich ausfüllen?
○ ________ hier.

b
◆ Hast du ________ Salat gemacht?
○ ________ meinst du?
◆ Na, ________ da, den Kartoffelsalat. Der ist sehr gut.

c
◆ ________ Getränk magst du am liebsten?
○ Orangensaft.

d
◆ ________ Bus fährt zum Bahnhof?
○ Die Nummer 5.

e
◆ Sag mal, ________ Übungen sollen wir als Hausaufgabe machen?
○ ________ da: Übungen eins bis vier.

f
◆ ________ Waschmaschine gefällt dir besser? Die weiße oder die rote?
○ Eine Waschmaschine in Rot – nein, das geht nicht. Nimm ________. Die ist okay.

E3 31 Lesen Sie. Richtig oder falsch? Kreuzen Sie an.

Prüfung Lesen, Teil 3

a Im Kaufhaus

Zum Winter-Ende

ALLES MUSS RAUS

Jacken, Mäntel und Stiefel
ab sofort nur noch 50 %

Winterkleidung kostet jetzt mehr als normal.
○ richtig ○ falsch

b Im Elektrogeschäft

Wir machen Urlaub!

Unser Geschäft ist vom
03.07. – 24.07. geschlossen.
Wir bitten um Ihr Verständnis.

Sie können am 25.07. wieder einkaufen.
○ richtig ○ falsch

c Im Modegeschäft

Öffnungszeiten

montags – freitags
8.00 – 18.00 Uhr
samstags
8.00 – 13.00 Uhr

Es ist Samstagnachmittag.
Sie können jetzt keinen Anzug kaufen.
○ richtig ○ falsch

E3 32 Ergänzen Sie die E-Mail.

Eine Freundin / Ein Freund macht bald Urlaub in Marokko. Sie/Er soll etwas mitbringen: zwei T-Shirts von „Onyx". Sie finden die ganz toll und sie sind dort sicher günstig. Nennen Sie die Größe und Farbe. Danken Sie und schreiben Sie einen Gruß.

E-Mail senden

Liebe/r ______,
fährst Du nicht in den Urlaub nach Marokko? Könntest Du
______? Ich finde
______ und ich denke,
sie ______.
Meine Größe ______. Und am besten ______
______. ______ und
viele ______

Test Lektion 13

1 Bilden Sie Wörter und ordnen Sie zu.

Ergänzen Sie mit • *der* – • *das* – • *die*.

~~An~~ Blu Blu bürs cke fer Gür Ja Kof lo Man me Pul se Sei te tel tel ver Zahn ~~zug~~ fe

a Kleidung: • der Anzug, ...

......

b andere Wörter: ......

......

Wörter

___ / 9 Punkte

● 0 – 4
● 5 – 7
● 8 – 9

2 Ergänzen Sie.

a
- ◆ Wie gefällt dir d er Mantel?
- ○ Welch ______?
- ◆ Dies er dort.
- ○ D ______ finde ich nicht so schön.

b
- ◆ Welch ______ Stiefel soll ich nehmen?
- ○ Dies ______! D ______ sind schön.

Grammatik

___ / 5 Punkte

3 Was ist richtig? Umkreisen Sie.

a ◆ Deine Bluse ist schön! Die steht (dir) mir sehr gut.
○ Oh, danke! Mir Dir gefällt sie auch sehr gut.

b ◆ Gehört euch uns die Wohnung?
○ Nein, sie gehört euch uns leider nicht.

c ◆ Wie findest du Marias Hose?
○ Super! Die passt ihr ihm sehr gut.

___ / 4 Punkte

4 Ergänzen Sie in der richtigen Form: *gut – gern – viel*.

a ◆ Isst du gern Salat?
○ Ja, aber noch lieber ☺☺ esse ich Obst.
Und ______ ☺☺☺ esse ich Pizza.

b ◆ Kannst du gut Fußball spielen?
○ Ja, aber noch ______ ☺☺ kann ich schwimmen.
Und ______ ☺☺☺ spiele ich Schach.

c Im Supermarkt kostet der Kuchen viel. In der Bäckerei kostet er ______ ☺☺, aber ______ ☺☺☺ kostet er im Café.

___ / 5 Punkte

● 0 – 7
● 8 – 11
● 12 – 14

5 Verbinden Sie.

a ◆ Haben Sie das Hemd in Größe 56?
b ◆ Wie steht mir diese Farbe?
c ◆ Haben Sie das Kleid auch in Rot?
d ◆ Wo ist denn hier die Kasse, bitte?

1 ○ Nein, nur in Blau.
2 ○ Sehr gut.
3 ○ Im Erdgeschoss.
4 ○ Ja hier, bitte.

Kommunikation

___ / 3 Punkte

● 0 – 1
● 2
● 3

A Am **fünfzehnten** Januar fange ich an.

A2 **1 Jahreszeiten und Monate in Europa. Ergänzen Sie.**

A 
Frühling
März ______ ______

B 
______
______ ______ August

C 
______
______ ______ ______

D 
______
______ ______ ______

A2 **2 Wann haben die Personen Geburtstag? Schreiben Sie.**

Annette	17.10.
Mihal	03.03.
Heiko	02.05.
Maja	28.07.
Sonja	30.09.

a Am siebzehnten Oktober.
b ______
c ______
d ______
e ______

A3 **3 Was macht Bruno im Mai? Sehen Sie den Kalender an und ergänzen Sie.**

a Am ersten Mai muss Bruno nicht arbeiten.
b ______ spielt er Fußball.
c ______ kann er sein Auto abholen.
d ______ geht er zu Julias Partys.
e ______ muss er zum Zahnarzt.
f Vom ______
hat er Urlaub.
g ______ kauft er Blumen für Julia.
h ______
besucht er Eva in Dortmund.

Mai

1 Fr	Feiertag! Frei! ☺
2 Sa	Evas 50. Geburtstag
3 So	in Dortmund
4 Mo	
5 Di	Werkstatt!
6 Mi	
7 Do	Zahnarzttermin
8 Fr	Blumen kaufen
9 Sa	Party bei Julia
10 So	Fußballspiel
11 Mo	
12 Di	Juhu! Italien!
13 Mi	
14 Do	
15 Fr	
16 Sa	

A3 **4 Schreiben Sie.**

a 23.08. der dreiundzwanzigste August
b 20.04. ……
c 15.06. ……
d 12.02. ……
e 03.11. ……
f 01.01. ……

A3 **5 Hören Sie und schreiben Sie.**
2 ▶ 41–45

a Omas Geburtstag: 4. Oktober
b Krankschreibung bis: ……
c neuer Termin: ……
d Fußball: ……
e Party: ……

A4 **6 Ergänzen Sie.**

Vorname: Ashkan
Land: Iran
Fest: Nouruz
Was ist das? Frühlingsfest
Wann? 20. oder 21.3.
mein Geburtstag: 20.3. ☺

Ich heiße Ashkan und …… . Bei uns …… Nouruz. Das …… . Wir feiern am …… . Warum ist das mein Lieblingsfest? Ich …… .

A4 **7 Diktat. Hören Sie.**
2 ▶ 46
Hören Sie dann das Diktat und schreiben Sie.

Mein …… ist ……
…… . Ich …… ……
…… …… …… .
Das ist …… …… und ……
…… …… sein, ……
und …… …… . ……
…… ist …… ……
…… …… und ich ……
…… …… .

B Ich habe **dich** sehr lieb, Opa.

B1 **8 Markieren Sie und ergänzen Sie die Tabelle.**

a Was schenken wir Leonie? Soll ich etwas kaufen?
Ruf mich bitte an.
b Bist du zu Hause? Ich rufe dich gleich an.
c Hakin kommt auch zur Party. Ich habe ihn lange nicht gesehen.
d Marta kauft die Getränke für die Party. Ich habe sie gefragt.
e Wir leben seit einem Monat in Köln. Besucht uns doch!
f Was macht ihr am Feiertag? Ich fahre nach Mainz.
Soll ich euch mitnehmen?
g Die Blumen für Opa sind im Wohnzimmer, nimm sie bitte mit.

ich	mich
du	______
er	______
es	es
sie	______
wir	______
ihr	______
sie/Sie	______/Sie

B2 **9 Ordnen Sie zu.**

dich | euch | ihn | mich | sie | ~~sie~~ | Sie

a ◆ Ricardos Mutter ist in Deutschland. Hast du sie schon gesehen?
○ Ja, ich habe ______ letzte Woche beim Einkaufen getroffen.

b ◆ Hallo, Paula. Wie geht's dir?
○ Hallo, Jessica. Hallo, Simon. Ich habe ______ schon lange nicht mehr gesehen. Was macht ihr so?

c ◆ Den Film musst du sehen, der ist super. Ich habe ______ schon gesehen.
○ Kommst du noch mal mit?
◆ Gern. Ich hole ______ um 19 Uhr ab, um 20 Uhr beginnt der Film.

d ◆ Ich fahre später zum Supermarkt.
○ Wunderbar! Nimmst du ______ mit?

e ◆ Entschuldigung, kann ich ______ etwas fragen?
○ Natürlich.

B2 **10 Ergänzen Sie.**

A Alles Gute zum Valentinstag. Ich habe dich sehr lieb! Dein Max

B Hallo Nils und Kathi, kann ich ______ am Wochenende besuchen? Habt ihr Zeit? ☺ Lutz

C Hallo Tom, vergiss bitte nicht die Tickets für Rocky! Oder hast du ______ schon gekauft? Und Lena? Kommt sie? Hast du ______ gefragt? Grüße, Jo

D Opa hat heute Geburtstag! Hast du schon das Geschenk für ______ gekauft oder soll ich ______ kaufen? Ruf ______ doch bitte an. LG Sam

E Hallo Marc, ruf ______ doch bitte an. Eli + Semra

B2 11 Schreiben Sie die Antworten neu mit *er – ihn – es – sie*.

a ◆ Kennst du John?
○ Ja, natürlich. Ich kenne John schon lange.
○ Ja, natürlich. Ich kenne ihn schon lange.

b ◆ Wo finde ich die Rezeption?
○ Sie finden die Rezeption da vorn.
○ ....

c ◆ Ist Franco von Beruf nicht Taxifahrer?
○ Doch. Franco arbeitet bei „Taxandgo".
○ ....

d ◆ Und? Kaufst du den Rock?
○ Nein. Ich finde den Rock nicht so schön.
○ ....

e ◆ Kannst du dieses Nudelgericht empfehlen?
○ Ja. Ich kann dieses Nudelgericht wirklich empfehlen.
○ ....

f ◆ Wie findest du den Pullover?
○ Der Pullover gefällt mir sehr gut.
○ ....

g ◆ Wie findest du die Jacke?
○ Ich finde diese Jacke passt dir perfekt.
○ ....

B2 12 Ordnen Sie zu.

dich | ihn | meinen Freund | ~~meine Mutter~~ | mich | sie

◆ Am Sonntag ist Muttertag. Ich brauche ein Geschenk für meine Mutter.
○ Back doch einen Kuchen für ....
◆ Ich kann nicht backen. Kannst du das für .... machen?
○ Klar, das kann ich gern für .... machen.
◆ Ich brauche aber auch einen Kuchen für ....
Er hat Geburtstag und ich will Kuchen für .... machen.
○ Ich habe eine Idee: Ich backe zwei Kuchen und du räumst meine Wohnung auf.
◆ Okay!

B

B3 **13 Ergänzen Sie: *er – sie – ihn*.**

Walter feiert heute Geburtstag. Er macht eine kleine Party. Sofia, Lara und Lili kommen und schenken Walter Hausschuhe. ………… mag …………. Tim kommt auch. ………… schenkt Walter einen Hula-Hoop-Reifen. Alle finden ………… lustig.
Lara sagt: ………… muss bald zurück nach Polen.
Und Tim erzählt: ………… hat eine neue Arbeitsstelle in Deutschland.
Alle sind ein bisschen traurig. Aber am Ende trinken ………… Kaffee und essen Walters Geburtstagskuchen. ………… schmeckt super. Und alle machen zusammen ein Foto. Ende gut, alles gut!

B3 **14 Hannahs Geburtstagsparty. Schreiben Sie.**

die Küche putzen
die Blumen kaufen
die Getränke holen
den Nachtisch machen
die Pizza backen
das Geschenk kaufen
meine Jeans waschen

a Ich habe sie schon geputzt.
b …………
c …………
d …………
e …………
f …………
g …………

C Wir feiern Abschied, **denn** …

C1 15 Schreiben Sie Sätze mit *denn*.

a Meine Oma fährt viel Fahrrad, denn sie hat kein Auto. (kein Auto – hat – sie)
b Herr Kaiser fährt lieber mit dem Auto, ………………………………………….
………………………………………… (keine – er – mag – Busse und Züge)
c Stefan nimmt gern den Bus, ………………………………………….
………………………………………… (nicht viel – ein Busticket – kostet)
d Herr Ilg kann nicht zur Arbeit fahren, ………………………………………….
………………………………………… (heute nicht – fahren – die S-Bahnen)

C2 16 Und Sie? Schreiben Sie Sätze mit *denn*.

a Ich kann dir keine E-Mail schreiben, denn mein Computer ist kaputt.
b Ich mache ein Fest, ………………………………………….
c Ich gehe nicht zum Deutschkurs, ………………………………………….
d Ich kann nicht beim Sportfest mitmachen, ………………………………………….
e Ich bin sauer, ………………………………………….
f Mir geht es heute nicht so gut, ………………………………………….

C2 17 Hören Sie und sprechen Sie nach.

2 ▶ 47
Phonetik

a Wir feiern heute <u>Abschied</u>, → denn nächste Woche <u>endet</u> der Deutschkurs. ↘
b Ich bringe einen <u>Salat</u> mit → und Peter kauft die <u>Getränke</u>. ↘
c Ich möchte gern ein <u>Auto</u> kaufen, → aber ich habe kein <u>Geld</u>. ↘
d Heute Nachmittag gehe ich <u>schwimmen</u> → oder ich fahre mit dem <u>Fahrrad</u>. ↘
e Kommst du um <u>drei</u> Uhr → oder kannst du erst um <u>fünf</u> kommen? ↘
f Trinkst du einen <u>Kaffee</u> → oder möchtest du lieber einen <u>Tee</u>? ↘

C2 18 Ordnen Sie zu.

abends kommen Freunde | er muss noch lernen | ~~er hat nicht genug Geld~~ | es ist schon spät

A

Herr Nehm kann das Auto nicht kaufen, denn er hat nicht genug Geld.

B

Frau Nehm putzt die Wohnung, denn ………………………………………….

C

Steffi darf nicht in den Klub gehen, denn ………………………………………….

D

Leo darf nicht fernsehen, denn ………………………………………….

D Einladung

D1 **19 Wie alt sind Sie?**

a Ergänzen Sie *werden* in der richtigen Form.

1 Mein Mann und ich, wir werden dieses Jahr zusammen 65 Jahre alt.
2 Wie alt .... ihr?
3 Was? Du .... schon 30?!
4 Tine und Bine .... im Juni 18.
5 Sie .... heute 80? Alles Gute, Frau Becker.
6 Ich .... nächste Woche 40.

b Ihre Kollegen, Ihre Freunde ... Wer wird wann wie alt? Schreiben Sie fünf Sätze.

1 Mein Kollege Hans wird am 21. Mai 49 Jahre alt.
2 Meine Deutschlehrerin ....
3 ....
4 ....
5 ....

D2 **20 Eine Einladung schreiben**

a Ordnen Sie.

E-Mail senden

◯ denn am Freitag ist mein letzter Arbeitstag.
⑤ Wann und wo: am Freitag, 29.3., um 15 Uhr in der Kaffeeküche.
① Liebe Kolleginnen und Kollegen,
◯ Ich lade Sie alle zu Kaffee und Kuchen ein.
◯ Können Sie kommen? Hoffentlich.
◯ Herzliche Grüße
⑦ Bitte antworten Sie bis Mittwoch, 27.3.
◯ Alexandra Schmid-Riemer
◯ ich möchte meinen Abschied mit Ihnen feiern,

b Schreiben Sie eine Antwort an Frau Schmid-Riemer.

Liebe Frau Schmid-Riemer,
vielen Dank ...

c Schreiben Sie eine Einladung an Ihre Arbeitskolleginnen und Arbeitskollegen.

Einladung: Sie laden zu Würstchen und Kartoffelsalat ein, denn Sie haben Geburtstag.
Datum, Uhrzeit: 4. April, 12.30 Uhr
Ort: Cafeteria
Bitten Sie um Antwort bis 2. April.
Schreiben Sie auch eine Anrede und einen Gruß.

Liebe Kolleginnen und Kollegen,
ich feiere meinen Geburtstag ...

E2 21 Wie heißen die Wörter? Ergänzen Sie.

A 

Glückspilz *Vor einer Stunde*

Mein Lieblingsfest ist Weihnachten (nachWeihten), denn dann bekommt man __________ (Gekeschen) ☺ und der __________ (Weihbaumnachts) ist immer so schön.

B 

Hasi *Vor drei Stunden*

Ich mag __________ (ternOs), denn ich mag den Frühling sehr. Wir __________ (ernfei) immer mit der Familie und die Kinder bekommen Schokolade und __________ (eiOserter).

C 

Andreas 1986 *Vor einem Tag*

Meine Lieblingsfeste sind __________ (vesSilter) und __________ (jahrNeu), denn am 1. Januar habe ich __________ (Getagburts).

Alle Freunde __________ (liegrarentu) um 0 Uhr und ich finde immer das __________ (erwerkFeu) so toll.

D 

Jo2812 *Vor zwei Tagen*

Ich finde __________ (zeiHochten) einfach wunderbar.

Im Sommer feiert meine Freundin Alma ihre Hochzeit.

E2 22 Ergänzen Sie die Glückwünsche.

A Wir gratulieren zur Hochzeit!

B __________

C __________

D __________

E2 23 Verbinden Sie.

a Herzlichen — 3
b Viele
c Viel
d Alles

1 Glück!
2 Gute!
3 Glückwunsch!
4 Grüße!

E3 24 Lesen Sie die Texte und die Aufgaben. Wo finden Sie die Informationen?

Prüfung Lesen, Teil 2

Kreuzen Sie an.

a Sie brauchen ein Hochzeitskleid.

www.herrenmode_graf.de

Herrenmode
aktuell und günstig

Immer wieder tolle Angebote

www.carmenpereira.de

Liebe Damen:
Ich nähe für Sie!
Sie heiraten? Auch für dieses Fest nähe ich ein Kleid für Sie. Individuell und extravagant.

1 ○ www.herrenmode_graf.de 2 ○ www.carmenpereira.de

b Sie wollen ein Geburtstagsfest für Ihr Kind machen.

Malschule Kunterbunt
Malkurs für Kinder!
Wir bemalen Ostereier!

Konrads Clown-Service
Unser Clown kommt zu Ihnen nach Hause und macht jede Feier zu einem tollen Fest.
Spaß garantiert.

1 ○ Malschule Kunterbunt 2 ○ Konrads Clown-Service

c Sie haben am 27. Juli Ihren Hochzeitstag und möchten ihn zu Hause mit Familie und Freunden feiern.

www.party-catering-leipzig.de

Hasans Catering-Service!
Sie wollen eine Party oder ein Fest machen? Wir kochen alles für Sie.

Arabische und internationale Spezialitäten.

www.sommerparty-dresden.de

Sommerparty mit DJ Fernanda
Feiern Sie mit uns.
Am 27. Juli
Tickets: 10 Euro

1 ○ www.party-catering-leipzig.de 2 ○ www.sommerparty-dresden.de

Test Lektion 14

1 Finden Sie noch fünf Wörter und ordnen Sie zu.

IMAUGUSTOYEINLADENMIFEIERNVOGESCHENK
ODGRATULIERENWVSKIUIERGLÜCKWUNSCHVIE

Am 24. August (a) sind Maria und Horst zehn Jahre verheiratet. Maria kauft dann ein ______ (b) für Horst. Und Horst möchte Maria in ein Restaurant ______ (c). Oft ______ (d) sie ihren Hochzeitstag mit der Familie. Alle sagen: „Herzlichen ______ (e).“ oder „Wir ______ (f) euch.“

Wörter ____ / 5 Punkte
● 0–2 ● 3 ● 4–5

2 Ergänzen Sie.

a
Kannst du mich später abholen? Mein Fahrrad ist kaputt. Kannst du ______ reparieren?

b
Ich feiere am 3.3. meinen Abschied und lade ______ herzlich ein. Bringt auch eure Familien mit. Ich möchte ______ gern treffen.

c
Opa wird am Samstag 75. Hast du schon ein Geschenk für ______? Ich rufe ______ heute Abend an.

Grammatik ____ / 5 Punkte

3 Schreiben Sie die Sätze neu mit *denn*.

a Galina braucht ein Kleid. Sie geht zu einer Hochzeit.
Galina braucht ein Kleid, denn sie geht zu einer Hochzeit.

b Bob feiert seinen Geburtstag nicht. Er findet ihn nicht wichtig.
______

c Henry fährt am Montag nach Mainz. Es ist Karneval.
______

d Mandy möchte eine Party machen. Sie hat eine neue Wohnung.
______

____ / 3 Punkte
● 0–4 ● 5–6 ● 7–8

4 Ordnen Sie.

E-Mail senden

- ◯ am 13. Januar, um 15 Uhr, im Café Mozart.
- ◯ Viele Grüße, Anastasia
- ◯ ich habe Geburtstag. Am Mittwoch werde ich 33 Jahre alt.
- (1) Liebe Sarah,
- (4) Ich lade Dich zu meiner Party ein:
- ◯ Kannst Du kommen? Hoffentlich!
- ◯ Das möchte ich feiern.

Kommunikation ____ / 5 Punkte
● 0–2 ● 3 ● 4–5

8 Beruf und Arbeit

FOTO-HÖRGESCHICHTE

1	• das Krankenhaus, ¨-er 	Lara und Tim sind heute im Krankenhaus.
	• das Interview, -s	Lara und Tim machen ein Interview für den Deutschkurs.
	• die Zeitung, -en 	Lara und Tim machen ein Interview für eine Zeitung oder das Fernsehen.
	• das Fernsehen (Sg.)	Lara und Tim machen ein Interview für eine Zeitung oder das Fernsehen.
	• die Ausbildung, -en	Sie sprechen mit Sofia über Ausbildung und Beruf.
	• der Beruf, -e	Sie sprechen mit Sofia über Ausbildung und Beruf.
	• der Patient, -en / • die Patientin, -nen	Der Mann ist Sofias Patient.
	• der Chef, -s / • die Chefin, -nen	Der Mann ist Sofias Chef.
	• der Hausmeister, - / • die Hausmeisterin, -nen	Der Mann ist Hausmeister von Beruf.
	• der Journalist, -en / • die Journalistin, -nen	Der Mann ist Journalist von Beruf.
3	• das Thema, Themen	Das Thema ist „Ausbildung und Beruf“.
	• der Physiotherapeut, -en / • die Physiotherapeutin, -nen	Sofia ist Physiotherapeutin von Beruf.
	zuerst	Sofia hat zuerst drei Jahre in einer Praxis gearbeitet.
	nun	Aber nun hat Sofia eine eigene Praxis.
	eigen-	Aber nun hat Sofia eine eigene Praxis.
	denken (hat gedacht)	Herr Koch denkt, Lara und Tim sind Journalisten bei einer Zeitung.
	seit	Herr Koch arbeitet seit 35 Jahren als Hausmeister.

A

A1	• der Arzthelfer, - / • die Arzthelferin, -nen	Ich bin Arzthelferin von Beruf.
A2	• der Arzt, ⸚e / • die Ärztin, -nen	Sie ist Ärztin.
	• der Mechatroniker, - / • die Mechatronikerin, -nen	Er arbeitet als Mechatroniker.
	• der Hausmann, ⸚er / • die Hausfrau, -en 	Sie ist Hausfrau.
	• der Polizist, -en / • die Polizistin, -nen	Sie arbeitet als Polizistin.
	• der Krankenpfleger, - / • die Krankenpflegerin, -nen	Er ist Krankenpfleger von Beruf.
	• der Pfleger, - / • die Pflegerin, -nen	Er ist Pfleger von Beruf.
A3	• der Maurer, - / • die Maurerin, -nen	Bist du Maurer?
	• der Maler, - / • die Malerin, -nen	Bist du Maler?

B

B1	dauern (hat gedauert)	Und wie lange hat die Ausbildung gedauert?
	selbstständig	Und seit wann bist du schon selbstständig?
B2	• der Kollege, -n / • die Kollegin, -nen	Ich habe sehr nette Kollegen.
	nett	Ich habe sehr nette Kollegen.
	• die Woche, -n	Und seit einer Woche habe ich eine neue Chefin.
B3	heiraten (hat geheiratet) 	Luba hat vor zwei Jahren geheiratet.
	angestellt	Nader ist bei einer Firma angestellt.
	gerade	Amaniel ist gerade arbeitslos.
	arbeitslos	Amaniel ist gerade arbeitslos.
	• die Stelle, -n (Arbeit)	Luba hat gerade keine Stelle als Erzieherin.

Lernwortschatz

	● der Erzieher, - / ● die Erzieherin, -nen	....	Luba hat gerade keine Stelle als Erzieherin.
	● der Job, -s	....	Amaniel sucht einen Job als Koch.
	● der Koch, ¨-e / ● die Köchin, -nen	....	Amaniel sucht einen Job als Koch.
B4	● das Taxi, -s	....	Ich suche einen Job als Taxifahrerin.
	● der Fahrer, - / ● die Fahrerin, -nen	....	Ich suche einen Job als Taxifahrerin.

C

C2	● das Café, -s 	....	Vor einem Jahr habe ich in einem Café gearbeitet.
	oft	....	Ich hatte richtig viel Arbeit und oft Stress.
	● der Stress (Sg.)	....	Ich hatte richtig viel Arbeit und oft Stress.
	manchmal	....	Ich habe die Kunden manchmal nicht verstanden.
	verstehen (hat verstanden)	....	Ich habe die Kunden manchmal nicht verstanden.
	● der Kellner, - / ● die Kellnerin, -nen	....	Ich glaube, ich war keine gute Kellnerin.
	● das Restaurant, -s	....	Heute arbeite ich in einem Restaurant.
	so viel	....	Ich habe nicht so viel Arbeit.

D

D1	● die Leute (Pl.)	....	Was haben die Leute früher gemacht?
	früher	....	Was haben die Leute früher gemacht?
	gleich	....	Hier habe ich gleich einen Arbeitsplatz als Altenpflegerin gefunden.
	● der Arbeitsplatz, ¨-e	....	Hier habe ich gleich einen Arbeitsplatz als Altenpflegerin gefunden.
	● die Kleidung (Sg.)	....	Ich hatte einen Laden für Kleidung in Thessaloniki.
	zurzeit	....	Zurzeit arbeite ich als Fahrer bei einem Paketdienst.
	unbedingt	....	Aber ich möchte unbedingt wieder als Verkäufer arbeiten.
	tagsüber	....	Ich habe tagsüber immer Zeit.

immer		Ich habe tagsüber immer Zeit.
dreimal		Am Abend gehe ich dreimal pro Woche in den Deutschkurs.
pro		Am Abend gehe ich dreimal pro Woche in den Deutschkurs.
• der Sekretär, -e / • die Sekretärin, -nen		Ich habe eine Ausbildung als Fremdsprachensekretärin gemacht.
intensiv		Seit Januar mache ich in Hamburg einen Intensivsprachkurs.
befristet		Für unsere Hamburger Geschäfte suchen wir befristet für ein Jahr Verkäufer/-innen in Vollzeit und Teilzeit.
• die Vollzeit (Sg.)		Für unsere Hamburger Geschäfte suchen wir befristet für ein Jahr Verkäufer/-innen in Vollzeit und Teilzeit.
• die Teilzeit (Sg.)		Für unsere Hamburger Geschäfte suchen wir befristet für ein Jahr Verkäufer/-innen in Vollzeit und Teilzeit.
• die Arbeitszeit, -en		Arbeitszeit: montags bis samstags ganztags oder halbtags
halbtags		Arbeitszeit: montags bis samstags ganztags oder halbtags
ab		Wir suchen ab sofort Altenpfleger/-innen für 15 Std. pro Woche für nachmittags, 14 bis 17 Uhr.
sofort		Wir suchen ab sofort Altenpfleger/-innen für 15 Std. pro Woche für nachmittags, 14 bis 17 Uhr.
• die Senioren (Pl.)		E-Mail: seniorenresidenz-isabella@pflegedienst.de
dringend		Aushilfen dringend gesucht
• die Aushilfe, -n		Aushilfen dringend gesucht
morgens		morgens, mittags, abends, ...
vormittags		jeden Vormittag = vormittags
mittags		morgens, mittags, abends, ...
nachmittags		Wir suchen ab sofort Altenpfleger/-innen für 15 Std. pro Woche für nachmittags, 14 bis 17 Uhr.

Lernwortschatz

	abends	morgens, mittags, abends, ...
	montags	Arbeitszeit: montags bis samstags ganztags oder halbtags
	dienstags	dienstags, mittwochs, ...
	mittwochs	dienstags, mittwochs, ...
	donnerstags	dienstags, mittwochs, ...
	freitags	dienstags, mittwochs, ...
	samstags	Arbeitszeit: montags bis samstags ganztags oder halbtags
	sonntags	dienstags, mittwochs, ...
D2	• der Service (Sg.)	Wir suchen eine Aushilfe im Service für vormittags.
	• der Beginn (Sg.)	Arbeitsbeginn sofort.
	• die Bewerbung, -en	Bewerbungen bitte an *Rudolf Brot GmbH*, Rathausplatz 5, 27721 Ritterhude.
	• die Nachfrage, -n	Telefonische Nachfragen unter 04292/65488232
	zahlen (hat gezahlt)	Das Café Rudolf zahlt 12 Euro pro Stunde.
D3	• die Anzeige, -n	Ich habe Ihre Stellenanzeige gelesen.
	passen (hat gepasst)	Das passt.
	• der Verdienst, -e	Und wie ist der Verdienst pro Stunde?
	vorbei-	Dann kommen Sie doch mal vorbei.
	vorbei·kommen (ist vorbeigekommen)	Dann kommen Sie doch mal vorbei.

Berufe

• der Journalist, -en
• die Journalistin, -nen

• der Arzt, ¨-e
• die Ärztin, -nen

• der Krankenpfleger, -
• die Krankenpflegerin, -nen

• der Mechatroniker, -
• die Mechatronikerin, -nen

• der Polizist, -en
• die Polizistin, -nen

• der Taxifahrer, -
• die Taxifahrerin, -nen

• der Kellner, -
• die Kellnerin, -nen

• der Koch, ¨-e
• die Köchin, -nen

TiPP
Schreiben Sie neue Wörter und Beispielsätze auf Kärtchen.

selbstständig → Und seit wann bist du schon selbstständig?

9 Ämter und Behörden

FOTO-HÖRGESCHICHTE

1	• der Führerschein, -e	Ich habe seit fünf Jahren einen Führerschein.
2	zentral	Sie sind am Zentralen Omnibusbahnhof.
	• der Bahnhof, ⸚e	Sie sind am Zentralen Omnibusbahnhof.
	• der Bus, -se 	Sie wollen ein Busticket kaufen.
	• das Ticket, -s	Sie wollen ein Busticket kaufen.
	auf 	Sie sind auf einem Amt.
	• das Amt, ⸚er	Sie sind auf einem Amt.
	wissen, du weißt, er weiß (hat gewusst)	Sie wollen wissen: Ist der Führerschein noch gültig?
	gültig	Ist der Führerschein noch gültig?
	mieten (hat gemietet)	Sie wollen ein Auto mieten.
4	ausländisch	Mit einem ausländischen Führerschein kann man acht Monate in Deutschland fahren.
	bekommen (hat bekommen)	Lara bekommt kein Auto.
	jung	Sie ist zu jung, sie ist 21 Jahre alt.
	• die EU (Sg.)	EU = Europäische Union
	europäisch	EU = Europäische Union
	• die Europäische Union (Sg.)	EU = Europäische Union
	• die Fahrt, -en	Die Fahrt dauert nur zwei Stunden.
	• die Fahrkarte, -n 	Sie kaufen Fahrkarten im ZOB.

A

A1	müssen, ich muss, du musst, er muss	Er muss einen Antrag ausfüllen.
	• der Antrag, ⸚e	Er muss einen Antrag ausfüllen.
	aus·füllen (hat ausgefüllt)	Er muss einen Antrag ausfüllen.
	• der Ausweis, -e	Er muss den Ausweis, den Führerschein und ein Foto mitbringen.
	• das Foto, -s	Er muss den Ausweis, den Führerschein und ein Foto mitbringen.

Lernwortschatz

	viel-	Sie müssen viele Papiere mitbringen.
	• die Papiere (Pl.)	Sie müssen viele Papiere mitbringen.
	unterschreiben (hat unterschrieben)	Sie müssen den Antrag unterschreiben.
	bar	Sie müssen 15 Euro bar bezahlen.
A2	• der Automat, -en 	Der Fahrkartenautomat funktioniert nicht.
	funktionieren (hat funktioniert)	Der Fahrkartenautomat funktioniert nicht.
	• das Ziel, -e	Sie müssen das Ziel wählen.
	wählen (hat gewählt)	Sie müssen das Ziel wählen.
	• der/• die Erwachsene, -n	Sie müssen „Erwachsener“ oder „Kind“ auswählen.
	aus·wählen (hat ausgewählt)	Sie müssen „Erwachsener“ oder „Kind“ auswählen.
	• das Geld (Sg.)	Sie müssen die Fahrkarte und das Wechselgeld nehmen.
	danach	Danach muss ich noch einkaufen.
	dann	Und dann müssen Sie bezahlen.
	• der Schluss (Sg.)	Zum Schluss müssen Sie die Fahrkarte stempeln.
	stempeln (hat gestempelt)	Zum Schluss müssen Sie die Fahrkarte stempeln.
	man	man = alle/jede Person
A3	ab·holen (hat abgeholt)	Zuerst muss ich meine Tochter abholen.

B

B1	dürfen, ich darf, du darfst, er darf	Tim darf im Moment nicht in Deutschland Auto fahren.
	• der Moment, -e	Tim darf im Moment nicht in Deutschland Auto fahren.
	beantragen (hat beantragt)	Tim muss einen internationalen Führerschein beantragen.
B2	• die Achtung (Sg.)	Achtung!
	• das Handy, -s	Du musst das Handy ausmachen.
	aus·machen (hat ausgemacht)	Du musst das Handy ausmachen.
	erlauben (hat erlaubt)	Das ist nicht erlaubt.

	rauchen (hat geraucht) 	Hier darf man nicht rauchen.
	• die Zigarette, -n	Ihr müsst eure Zigarette ausmachen.
	langsam	Du musst langsam fahren.
	• der Parkplatz, ⸚e 	Wir müssen einen Parkplatz suchen.
	parken (hat geparkt)	Hier darf man nicht parken.
B3	verboten (sein)	Das ist verboten.
	mit·nehmen, du nimmst mit, er nimmt mit (hat mitgenommen)	Hier darf man Hunde nicht mitnehmen.

C

C1	vorne 	Da vorne ist eine Autovermietung.
	fragen (hat gefragt)	Da gehen wir jetzt hin und fragen.
	warten (hat gewartet)	Tim, warte mal!
	bringen (hat gebracht)	Bring ein Wasser für mich mit!
	erklären (hat erklärt)	Erklär Lili die Matheübungen.
	leise 	Sei leise!
C2	• der Ratschlag, ⸚e	Probleme und Ratschläge
	auf·machen (hat aufgemacht)	Mach das Fenster auf.
	• das Fenster, - 	Mach das Fenster auf.
	zu·machen (hat zugemacht)	Mach das Fenster zu.
C3	laut	Seid bitte nicht so laut!
	öffnen (hat geöffnet)	Öffnet bitte die Bücher!
	zu·hören (hat zugehört)	Hört doch bitte zu!
	auf·stehen (ist aufgestanden)	Steht bitte nicht auf!
	• der Satz, ⸚e	Schreibt bitte einen Satz!
C4	• der Pass, ⸚e	Bringen Sie bitte Ihren Pass zur Anmeldung mit.
	• der Wartebereich, -e	Warten Sie bitte im Wartebereich.
	• die Gebühr, -en	Bezahlen Sie die Kursgebühr an der Kasse im 1. Stock.
	• die Kasse, -n	Bezahlen Sie die Kursgebühr an der Kasse im 1. Stock.
	• der Stock (Sg.)	Bezahlen Sie die Kursgebühr an der Kasse im 1. Stock.

Lernwortschatz

C5	gebe, du gibst, er gibt (hat gegeben)	Geben Sie keine Hausaufgaben.
	● das Bonbon, -s	Bringen Sie Bonbons mit!
	lachen (hat gelacht)	Lachen Sie viel!
D		
D1	allein	Herr Greco wohnt allein.
	● die Meldebehörde,-n	Anmeldung bei der Meldebehörde
	folgend-	Die Anmeldung gilt für folgende Personen.
	gelten (hat gegolten)	Die Anmeldung gilt für folgende Personen.
	● die Person, -en	Die Anmeldung gilt für folgende Personen.
	● das Geschlecht, -er	Geschlecht: männlich oder weiblich?
	● das Geburtsdatum, -daten	Geburtsdatum: 30.10.1992
	● die Staatsangehörigkeit, -en	Staatsangehörigkeit: italienisch
	● der Ort, -e	Ort, Datum
	● das Datum, Daten	Ort, Datum
	● die Unterschrift, -en	Unterschrift: ...
D2	getrennt leben	Familienstand: getrennt lebend
	● der / ● die Angehörige, -n	Was heißt „Angehörige“?
	männlich 	Mann oder Frau / männlich oder weiblich.
	weiblich 	Mann oder Frau / männlich oder weiblich.
	bedeuten (hat bedeutet)	Was bedeutet „bisherige Wohnung“?
	wiederholen (hat wiederholt)	Können Sie das bitte wiederholen?
D3	● der Partner, - / ● die Partnerin, -nen	Partner A: Sie sind auf dem Amt und füllen ein Formular aus.
	● das Formular, -e	Sie sind auf dem Amt und füllen ein Formular aus.
	● das Wort, ¨-er	Sie verstehen einige Wörter nicht.

Ämter und Behörden

- einen Führerschein beantragen
- einen Antrag aus·füllen
- den Ausweis mit·nehmen
- viele Papiere mit·bringen
- ein Formular unterschreiben

TIPP Lernen Sie Nomen und Verben zusammen.

einen Antrag ausfüllen

10 Gesundheit und Krankheit

FOTO-HÖRGESCHICHTE

1	der Klub, -s	....	Ioanna und Lara haben im Klub gestanzt.
	die Notaufnahme, -n	....	Ioanna und Lara sind in der Notaufnahme.
	der Bereich, -e	....	Ioanna und Lara sind im Wartebereich.
	die Tablette, -n	....	Der Arzt gibt Ioanna eine Schmerztablette.
2	das Auge, -n 	....	Mein Auge tut so weh!
	weh·tun (hat wehgetan)	....	Mein Auge tut so weh!
	der Unfall, ¨-e	....	Meine Freundin hatte leider einen kleinen Unfall.
	kühlen (hat gekühlt)	....	Ich soll das Auge kühlen.
3	beid-	....	Die beiden Mädchen sind lustig und singen.
	lustig	....	Die beiden Mädchen sind lustig und singen.

A

A1	das Bein, -e	....	Mein Bein tut so weh!
	das Ohr, -en	....	Meine Ohren tun so weh!
	der Arm, -e	....	Mein Arm tut weh!
	der Finger, -	....	Mein Finger tut weh!
	der Kopf, ¨-e	....	Mein Kopf tut weh!
	die Nase, -n	....	Meine Nase tut weh.
	der Mund, ¨-er	....	Mein Mund tut weh.
	die Brust, ¨-e	....	Meine Brust tut weh.
	der Fuß, ¨-e	....	Mein Fuß tut weh.
	das Haar, -e	....	Ioannas Haare sind blau.
	der Hals, ¨-er	....	Mein Hals tut weh.
	der Rücken, -	....	Mein Rücken tut weh.

Lernwortschatz

	• die Hand, ¨-e	Meine Hand tut weh!
A2	sein, -e	Seine Hand tut weh.
	ihr, -e (Sg.)	Ihre Ohren tun weh.
A4	• das Gesicht, -er	Ihr Gesicht ist schmal.
B		
B1	eu(e)r-	Wie war euer Abend gestern im Klub?
	unser-	Unsere Augen sind so blau.
	erzählen (hat erzählt)	Das erzählen wir später.
	später	Das erzählen wir später.
	zu	Ich muss jetzt zu Luisa und Tom.
	ihr, -e (Pl.)	Ihre Kinder sind krank.
	klar	Alles klar!
C		
C1	• der Doktor, -en 	Der Doktor sagt: Ich soll Schmerztabletten nehmen.
	paar (ein paar)	Ich soll ein paar Schritte gehen.
	• der Schritt, -e	Ich soll ein paar Schritte gehen.
C2	wirklich	Muss ich wirklich das Medikament nehmen?
	• das Medikament, -e	Muss ich wirklich das Medikament nehmen?
	sollen, ich soll, du sollst, er soll	Ich soll zwei Tabletten nehmen?
	bleiben (ist geblieben)	Muss ich wirklich im Bett bleiben?
	ruhig	Muss ich wirklich ruhig sein?
C3	• das Fieber (Sg.) 	Meine Freundin hat Fieber.
	halten (sich), du hälst, er hält (hat gehalten)	Sie soll den Hals warm halten.
	• der Husten (Sg.)	Mein Kollege hat Husten.
	• die Salbe, -n 	Sie soll die Salbe verwenden.
	• der Schnupfen (Sg.) 	Meine Freundin hat Schnupfen.
	verwenden (hat verwendet)	Sie soll die Salbe verwenden.
D		
D1	• die Besserung (Sg.)	Gute Besserung!
	schicken (hat geschickt)	Hakim schickt Gabi eine E-Mail.

	• die Krankschreibung, -en		Hakim bekommt eine Krankschreibung.
	• die Krankheit, -en		Krankheit festgestellt am: 23.5.
	fest·stellen (hat festgestellt)		Krankheit festgestellt am: 23.5.
	• der Betreff, -e		der Betreff = der Inhalt
	• der Inhalt, -e		der Betreff = der Inhalt
D2	• der Absender, -		Der Absender schreibt den Brief.
	• die Anrede, -n		Die Anrede steht vor dem Brieftext.
	• der Empfänger, -		Der Empfänger bekommt den Brief.
	• die Erkältung, -en		Ich habe eine Erkältung.
	geehrt		Sehr geehrte Frau Laschinger, ...
	• das Personal (Sg.)		Personalstelle

E

E1	• die Apotheke, -n		Der Mann ruft in der Apotheke an.
	informieren (hat informiert)		Der Mann möchte sich informieren.
E2	• der Notfall, ¨e		Ach so, es ist ein Notfall.
	• die Nähe (Sg.) (in der Nähe)		Ich wohne ganz in der Nähe.
	• die Minute, -n		Dann kommen Sie doch in 20 Minuten.
	• die Ordnung (Sg.)		In Ordnung.
	• die Versichertenkarte, -n		Und bringen Sie bitte Ihre Versichertenkarte mit.
E3	• der Zahn, ¨e		Sie haben Zahnschmerzen.
	übermorgen		Sie haben erst übermorgen am Vormittag einen Termin frei.

Körperteile

1 • das Auge, -n
2 • die Nase, -n
3 • der Mund, ¨er
4 • die Brust, ¨e
5 • der Bauch, ¨e
6 • das Bein, -e
7 • der Fuß, ¨e
8 • das Haar, -e

9 • der Kopf, ¨e
10 • das Ohr, -en
11 • der Hals, ¨er
12 • der Rücken, -
13 • die Hand, ¨e
14 • der Finger, -
15 • der Arm, -e

TiPP
Spielen Sie ein Memo-Spiel zum Thema Gesundheit und Krankheit. Schreiben Sie einen Satz auf zwei Karten. Mischen Sie und finden Sie Paare.

tut weh.	Ich habe
Mein Auge	Schnupfen.

11 In der Stadt unterwegs

FOTO-HÖRGESCHICHTE

1	• die Werkstatt, ⸚en 	Sie sollen sein Auto zur Werkstatt bringen.
	• der Schlüssel, -	Lili hat den Autoschlüssel.
	• das Navigationsgerät, -e (Navi)	Das Navi ist im Auto.
	• die S-Bahn, -en	Sie fahren mit der S-Bahn.
	• die Autobahn, -en	Wo ist bitte die Autobahn?
	• die Tankstelle, -n	Ich suche die Tankstelle.
	• die Brücke, -n	Die Autobahn ist vor der Brücke links.
	• die Ampel, -n	Gehen Sie an der Ampel links.
2	rechts 	Fahren Sie nach rechts.
	geradeaus	Fahren Sie geradeaus.
	links 	Fahren Sie nach links.
3	tun	Was sollen Lara und Lili für Walter tun?
4	• der Weg, -e	Sie finden den Weg nicht.
	okay	Alles ist okay.
	nichts	Nichts funktioniert.

A

A1	an 	Lili ist an der Haltestelle.
	• die Haltestelle, -n 	Lili ist an der Haltestelle.
	neben 	Lili ist neben dem Auto.
	hinter 	Lili ist hinter dem Auto.
	über 	Lili ist über den Wolken.
	unter 	Lili ist unter dem Auto.
	zwischen 	Lili ist zwischen den Autos.
A2	• der Kiosk, -e	Und hier ist ein Kiosk.
	• die Buchhandlung, -en	Ein Mann kauft ein Buch in der Buchhandlung.

	• die Bank, -en (Geld)	Die Post ist neben der Bank.
	• die Post (Sg.)	Die Post ist neben der Bank.
	• die Bücherei, -en 	Die Bücherei ist über der Bäckerei.
	• die Bäckerei, -en	Die Bücherei ist über der Bäckerei.
	• der Lkw, -s	Schau mal, da sind zwei Lkws.
	• der Baum, ¨-e	Ein Baum steht auf der Wiese.
	• das Motorrad, ¨-er	Schau mal, da ist ein Motorrad.
	• die Wiese, -n	Der Baum steht auf der Wiese.
A3	stehen (ist gestanden)	Zwei Lkws stehen auf dem Parkplatz.
	• das Paar, -e	Ein Paar sitzt hinter dem Café.
	sitzen (ist gesessen)	Ein Paar sitzt hinter dem Café.
	B	
B1	• das Flugzeug, -e 	Sie sind im Flugzeug.
	• die Straßenbahn, -en	Sie fahren mit der Straßenbahn.
	• die U-Bahn, -en	Sie fahren mit der U-Bahn.
	• der Zug, ¨-e 	Sie fahren mit dem Zug.
B2	wohin	Wohin möchten die Personen?
	• das Training, -s	Der junge Mann muss zum Fußballtraining.
B5	weit	Nein, das ist zu weit.
	• die Auskunft, ¨-e	Vielen Dank für die Auskunft.
	C	
C1	• das Hotel, -s	Wo ist hier ein Hotel?
	• die Metzgerei, -en	Wo ist hier eine Metzgerei?
C3	fremd	Tut mir leid, ich bin fremd hier.
	D	
D2	• das Sekretariat,-e	Er ist im Sekretariat.
D3	• die Fitness (Sg.)	Am Dienstag ist er im Fitnessstudio.
	• das Museum, Museen	Am Freitag ist er im Museum mit Luisa.
D4	vorher	Aber vorher muss ich noch zum Arzt und in die Apotheke.
	holen (hat geholt)	Ich muss Medikamente holen.
	beruflich	Ich muss beruflich für einen Tag nach Basel.
D5	aus·leihen (hat ausgeliehen)	Ich möchte Bücher ausleihen.

Lernwortschatz

	verschicken (hat verschickt)	Ich möchte einen Brief verschicken.
	kopieren (hat kopiert)	Ich möchte kopieren.
	joggen (ist gejoggt)	Wo kann ich hier in der Nähe joggen?
	• der Briefkasten, ¨-en	Ich suche einen Briefkasten.
	• die Ecke, -n 	Er/Es/Sie ist gleich dort an der Ecke.
	hinten	Er/Es/Sie ist gleich da hinten.
	drüben	Er/Es/Sie ist gleich da drüben.

E

E1	• die Durchsage, -n	Hören Sie die Durchsagen.
	ab·fahren (ist abgefahren)	Der Zug fährt von Gleis 8 ab.
	• das Gleis, -e	Der Zug fährt von Gleis 8 ab.
	• der Fahrgast, ¨-e	Die Fahrgäste sollen einsteigen.
	ein·steigen (ist eingestiegen) 	Die Fahrgäste sollen einsteigen.
	• die Verspätung, -en	Der Zug hat Verspätung.
	an·kommen (ist angekommen)	Er kommt zehn Minuten später an.
	um·steigen (ist umgestiegen) 	Die Fahrgäste können in einen Zug nach Berlin umsteigen.
	aus·steigen (ist ausgestiegen) 	Die Fahrgäste sollen aussteigen.
	• die Ankunft, ¨-e	Ankunft: 11:05 Uhr
	• die Abfahrt, -en	Abfahrt: 9:50 Uhr
E2	• der Mitarbeiter, - / • die Mitarbeiterin, -nen	Die Mitarbeiterin sagt ...
	nächst-	Wann fährt der nächste Zug nach Köln?
	hin/hin-/-hin: hin und zurück	Einfach oder hin und zurück?
	zurück	Einfach oder hin und zurück?
	welch-	Von welchem Gleis fährt der Zug ab?
	• der Bahnsteig, -e	Also gleich am Bahnsteig gegenüber.
	gegenüber	Also gleich am Bahnsteig gegenüber.

● der Fahrplan, ¨-e	....	Ihr Fahrplan
normal	....	Normalpreis

In der Stadt

- ● das Museum
- ● der Bahnhof
- ● die Straße
- ● die Post
- ● die Tankstelle

- ● der Fußballplatz
- ● die Metzgerei
- ● der Supermarkt
- ● das Kino
- ● das Hotel
- ● die Ampel
- ● der Kindergarten
- ● der Platz

TIPP
Lernen Sie immer so:

abfahren –
die Abfahrt

12 Kundenservice

FOTO-HÖRGESCHICHTE

1	● die Tasche, -n	....	Laras Tasche ist neu.
	● das Plastik (Sg.)	....	Am Ende gibt der Verkäufer Lara eine Plastiktüte.
	● die Tüte, -n	....	Am Ende gibt der Verkäufer Lara eine Plastiktüte.
	● die Rechnung, -en	....	Lara hat noch die Rechnung.
	kaputt	....	Die Tasche ist neu, aber schon kaputt.
2	reparieren  (hat repariert)	....	Der Verkäufer repariert die Tasche heute.
3	● das Ende (Sg.)	....	Am Ende gibt der Verkäufer Lara eine Plastiktüte.
4	unfreundlich	....	Der Verkäufer ist unfreundlich.

A

A2	stören (hat gestört)	....	Ich will Sie nicht bei der Arbeit stören.
A3	● das Mittagessen, -	....	Nach dem Mittagessen verkauft Herr Wang viele Taschen und Kleider.

Lernwortschatz

	● die Kleider (Pl.) 		Nach dem Mittagessen verkauft Herr Wang viele Taschen und Kleider.
	● die Reparatur, -en		Vor der Mittagspause macht Herr Wang Reparaturen und näht.
	nähen (hat genäht)		Vor der Mittagspause macht Herr Wang Reparaturen und näht.
B			
B2	● die Hilfe, -n		Ich brauche dringend Hilfe.
	● der Techniker, -		Wann kann der Techniker kommen?
	● die Heizung, -en 		Meine Heizung funktioniert nicht.
	● die Viertelstunde, -n		In einer Viertelstunde ist er bei Ihnen.
B3	● der Drucker, -		Mein Drucker ist kaputt.
	● das Tablet, -s		Mein Tablet funktioniert nicht.
	zeigen (hat gezeigt)		Zeigen Sie mal.
C			
C2	empfehlen, du empfiehlst, er empfiehlt (hat empfohlen)		Würden Sie Hustensaft oder Tabletten empfehlen?
	● die Rezeption, -en 		Sie sind im Hotel an der Rezeption.
	reservieren (hat reserviert)		Würden Sie einen Tisch im Restaurant reservieren?
	● die Tür, -en 		Sie stehen vor Ihrer Wohnungstür.
	geschlossen		Die Tür ist geschlossen.
	● die Spülmaschine, -n 		Könnten Sie bitte die Spülmaschine reparieren?
C3	an·machen (hat angemacht)		Würden Sie bitte den Computer anmachen?
	● das Papier (Sg.)		Könnten Sie bitte Papier für den Drucker kaufen?
	● das Licht (Sg.) 		Würden Sie bitte das Licht ausmachen?
D			
D1	● die Ansage, -n		Ansage 1: ...
	● der Schüler, - / ● die Schülerin, -nen		Schülerhilfe
D2	hinterlassen, du hinterlässt, er hinterlässt (hat hinterlassen)		Die Person soll eine Nachricht hinterlassen.
	● der Preis, -e		Herr Trögl soll einen Preis sagen.

	• die Zahl, -en	Er soll die Zahl 4 drücken.
	drücken (hat gedrückt)	Der Anrufer soll die Zahl 4 drücken.
	an·melden (hat angemeldet)	Frau Brückner soll Ihren Sohn anmelden.
D3	• der Anschluss, ¨-e	Hier ist der Anschluss von ...
	erreichbar	Im Moment bin ich nicht erreichbar.
	zurück·rufen (hat zurückgerufen)	Ich rufe zurück.

E

E1	aus·sehen (wie), du siehst aus, er sieht aus (hat ausgesehen)	Frau Bertrams möchte heute besonders gut aussehen.
	• der Besuch, -e	Ihre Freunde kommen zu Besuch.
	• der Urlaub, -e	Familie Cornelis ist im Urlaub.
	draußen	Draußen vor ihrem Haus liegt Schnee.
	liegen (ist gelegen)	Draußen vor ihrem Haus liegt Schnee.
	weg	Der muss weg.
	• der Meister, -	Meisterbetrieb
	• der Betrieb, -e	Meisterbetrieb
	• die Frisur, -en	Michaelas Frisurenkiste
	• die Kiste, -n	Michaelas Frisurenkiste
	verlängern (hat verlängert)	Haarverlängerungen
	• das Smartphone, -s	Ihr Smartphone ist kaputt?
	günstig	Wir reparieren es! Sofort! Schnell! Günstig!
	• die Reinigung, -en	Hausreinigung
	online	Jetzt online bestellen!
	bestellen (hat bestellt)	Jetzt online bestellen!
	• der Feiertag, -e	Sonntag und Feiertag
	• die Ruhe (Sg.)	Dienstag Ruhetag
	• das Angebot, -e	Unsere Angebote ...
	• die Nudel, -n	Nudelgerichte
	• das Gericht, -e	Nudelgerichte
	lohnen (sich) (hat gelohnt)	Reparieren lohnt sich!
	reinigen (hat gereinigt)	Wir reinigen und reparieren Ihr Elektrogerät mit Freude.

Lernwortschatz

	• das Gerät, -e	....	Wir reinigen und reparieren Ihr Elektrogerät mit Freude.
	• die Freude, -n	....	Wir reinigen und reparieren Ihr Elektrogerät mit Freude.
E2	• die Gebrauchsanweisung, -en	....	Sie finden alle Informationen in der Gebrauchsanweisung.
	aus·schalten (hat ausgeschaltet)	....	Ein- und Ausschalten des Geräts.
	ein·schalten (hat eingeschaltet)	....	Ein- und Ausschalten des Geräts.
	• die Taste, -n	....	Drücken Sie die Taste auf der Rückseite der Maschine fünf Sekunden lang.
	• die Rückseite, -n	....	Drücken Sie die Taste auf der Rückseite der Maschine fünf Sekunden lang.
	• die Maschine, -n	....	Drücken Sie die Taste auf der Rückseite der Maschine fünf Sekunden lang.
	• die Sekunde, -n	....	Drücken Sie die Taste auf der Rückseite der Maschine fünf Sekunden lang.
	ziehen (hat gezogen)	....	Ziehen Sie den Stecker aus der Steckdose.
	• der Stecker, - 	....	Ziehen Sie den Stecker aus der Steckdose.
	• die Steckdose, -n	....	Ziehen Sie den Stecker aus der Steckdose.
	oben	....	Öffnen Sie den Deckel oben am Gerät.
	• der Behälter, -	....	Nehmen Sie den Wasserbehälter heraus.
	heraus·nehmen, du nimmst heraus, er nimmt heraus (hat herausgenommen)	....	Nehmen Sie den Wasserbehälter heraus.
	• der Essig (Sg.) 	....	Reinigen Sie den Wasserbehälter mit Essig.
	• die Homepage (Sg.)	....	Auf unserer Homepage finden Sie Telefonnummer und E-Mail-Adresse von unserem Kundenservice.

E4	• die Gebrauchsanleitung, -en	Sie können alle Informationen in der Gebrauchsanleitung finden.
	danken (hat gedankt)	Nichts zu danken.

Elektrogeräte

• der Computer, -

• der Drucker, -

• das Handy, -s

• das Smartphone, -s

• das Telefon, -e

• das Tablet, s

• der Fernseher, -

• das Radio, -s

• der Herd, -e

• die Waschmaschine, -n

• die Spülmaschine, -n

• die Heizung, -en

• die Taste, -n

• der Stecker, -

• die Steckdose, -n

TIPP Notieren Sie Gegensätze.

ausschalten – einschalten

13 Neue Kleider

FOTO-HÖRGESCHICHTE

1	• das Kaufhaus, ¨-er	Sie sind im Kaufhaus.
	• die Jacke, -n	Sie wollen eine Jacke für Lara kaufen.
	erstaunt	Tim und Ioanna sind erstaunt.
	• der Mantel, ¨-	Lara kauft den Mantel.
2	dünn	Aber Lara findet die Jacke zu dünn.

A

A1	• die Bluse, -n	Wie findest du die Bluse?
	• das T-Shirt, -s	Wie gefällt dir das T-Shirt?
	• die Hose, -n	Die Hose ist ja toll.

Lernwortschatz

	• der Stiefel -	Und die Stiefel?
	• der Pullover, -	Wie findest du den Pullover?
	• die Jeans, -	Wie findest du die Jeans?
	• das Tuch, ¨er	Wie findest du das Tuch?
	• der Schuh, -e	Wie findest du den Schuh?
	• der Rock, ¨e	Wie findest du den Rock?
	• das Kleid, -er	Sieh mal, das Kleid.
	• der Gürtel, -	Wie findest du den Gürtel?
	• die Socke, -n	Wie findest du die Socke?
	• der Strumpf, ¨e	Wie findest du den Strumpf?
	• der (Regen-)Schirm, -e 	Wie findest du den Schirm?
	• die Brille, -n 	Wie findest du die Sonnenbrille?
A2	langweilig	Die Stiefel sind langweilig, oder?
	B	
B1	passen (hat gepasst)	Toll, die Jacke passt perfekt.
	perfekt	Toll, die Jacke passt perfekt.
	meinen (hat gemeint)	Tim, was meinst du?
B2	stehen (hat gestanden)	Ich finde, der steht ihr sehr gut.
	ihr/ihm/ihn	Ich finde, der steht ihr sehr gut.
	C	
C1	besser	Und hier, die ist noch besser.
	am besten	Aber mein Mantel ist am besten!
C2	• die Bratwurst, ¨e 	Lara mag gern Bratwurst.
	lieber	Sie mag lieber Spaghetti.
	am liebsten	Was mag Lara am liebsten?
	am meisten	Mit wem macht Lara am meisten?
	D	
D1	sicher	Die Jacke gefällt ihr sicher.
	dies-	Na, diese.
	• der Witz, -e	Soll das ein Witz sein?
	total	Die ist ja total langweilig.
D2	• der Koffer, - 	Welcher Koffer gehört Tom?
	gehören (hat gehört)	Welcher Koffer gehört Tom?
D3	• der Wochentag, -e	Welcher Wochentag gefällt dir am besten?
	• das Tier, -e	Welches Tier gefällt dir am besten?
	• das Viertel (Stadt), -	Welches Viertel gefällt dir am besten?

	der Schauspieler, -	Welcher Schauspieler gefällt dir am besten?
	der Musiker, - / die Musikerin, -nen	Welcher Musiker gefällt dir am besten?
	die Blume, -n 	Welche Blume gefällt dir am besten?
	schmecken (hat geschmeckt)	Welches Essen schmeckt dir am besten?

E

E1	das Untergeschoss, -e	Da müssen Sie ins Untergeschoss gehen.
	das Erdgeschoss, -e	Da müssen Sie ins Erdgeschoss gehen.
	das Obergeschoss, -e	Da müssen Sie ins Obergeschoss gehen.
	die Drogerie, -n	Die Drogerie ist im Erdgeschoss.
	die Kosmetik (Sg.)	Wo finde ich Kosmetik?
	die Mode, -n	Herrenmode
	die Uhr, -en	Wo finde ich Uhren und Schmuck?
	der Schmuck (Sg.)	Wo finde ich Seife?
	die Zeitschrift, -en	Entschuldigung, ich suche eine Zeitschrift.
	die Ware, -n	Schreibwaren und Spielwaren
	das Glas, ¨-er	Ich suche Glas und Geschirr.
	das Geschirr (Sg.)	Ich suche Glas und Geschirr.
	der Eingang, ¨-e	Eingang Weser Restaurant
	(sich) entschuldigen (hat entschuldigt)	Entschuldigen Sie bitte, ich suche Stiefel.
	der/die Jugendliche, -n	Wo gibt es Spiele für Jugendliche?
	die Seife, -n 	Ich brauche Seife.
	die Zahnbürste, -n 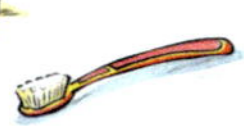	Ich brauche eine Zahnbürste.
	die Zahnpasta (Sg.) 	Wo finde ich Zahnpasta?
E2	das Hemd, -en	Das Hemd passt mir nicht.
	die Größe, -n	Haben Sie dieses Hemd auch in Größe 52?
	der Anzug, ¨-e	Haben Sie diesen Anzug auch in Grün?
	vorn	Gleich da vorn.

Lernwortschatz

Kleidung

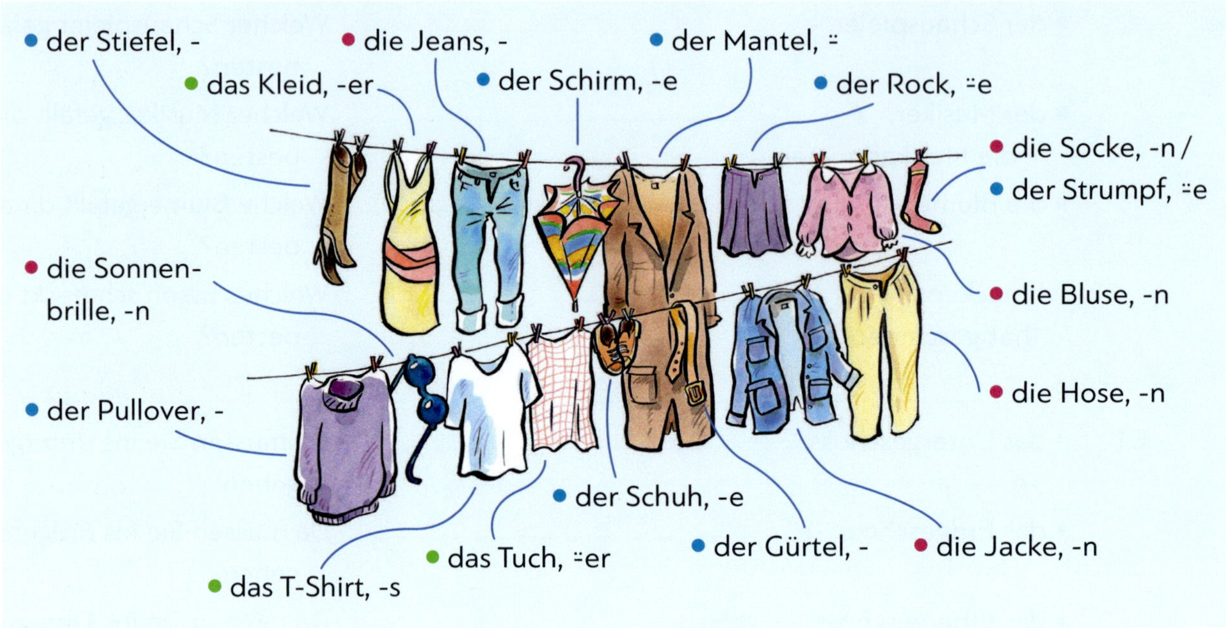

TIPP
Schneiden Sie Bilder aus und ergänzen Sie die Wörter.

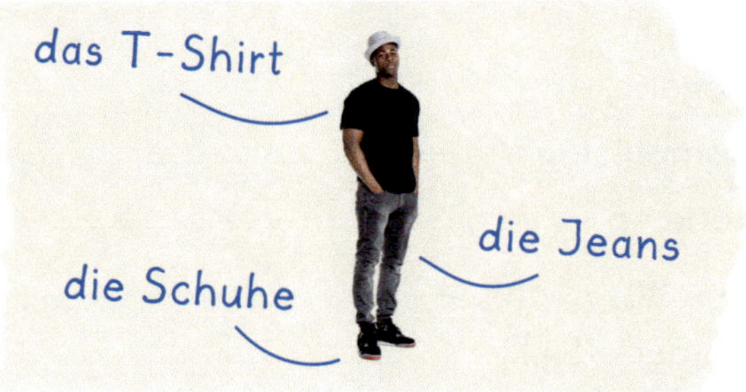

14 Feste

FOTO-HÖRGESCHICHTE

1	• der Geburtstag, -e	....	Wer hat Geburtstag?
	• der Appetit (Sg.)	....	Guten Appetit!
	schenken (hat geschenkt)	....	Wer schenkt den Hula-Hoop-Reifen?
	• der Reifen, - 	....	Wer schenkt den Hula-Hoop-Reifen?
	traurig	....	Warum sehen alle so traurig aus?
	• die Arbeitsstelle, -n	....	Er hat eine Arbeitsstelle gefunden.
2	feiern (hat gefeiert)	....	Die Freunde feiern nicht nur Geburtstag.
	• der Abschied, -e	....	Sie feiern auch Abschied.
	bald	....	Lara und Tim fahren bald nach Hause.
	beginnen (hat begonnen)	....	Tim beginnt eine Ausbildung in Kanada.

A

A1	enden (hat geendet)		Am dreißigsten November endet der Deutschkurs.
	• der November		Am dreißigsten November endet der Deutschkurs.
	• der Januar		Am 15. Januar fängt Tim mit der Arbeit an.
	• der Februar		Am 15. Februar.
	• der März		Wann hast du Geburtstag? – Am 13. März.
	• der April		Ich bin am 29. April geboren.
	• der Mai		Ich habe am 5. Mai Geburtstag.
	• der Juni		Ich bin am 20. Juni geboren.
	• der Juli		Ich habe am 16. Juli Geburtstag.
	• der August		Ich habe im August Geburtstag.
	• der September		Ich bin am 21. September geboren.
	• der Oktober		Ich habe am 30. Oktober Geburtstag.
	• der Dezember		Ich bin am 6. Dezember geboren.

Monate

• der Januar	• der April	• der Juli	• der Oktober
• der Februar	• der Mai	• der August	• der November
• der März	• der Juni	• der September	• der Dezember

A3	• der Karneval (Sg.)		Die letzten sechs Karnevalstage sind in diesem Jahr vom 12. Februar bis zum 17. Februar.
	• die Veranstaltung, -en		Hier finden Sie alle Infos und Veranstaltungen zur fünften Jahreszeit in Mainz.
	• die Jahreszeit, -en		Hier finden Sie alle Infos und Veranstaltungen zur fünften Jahreszeit in Mainz.
	letzt-		Die letzten sechs Karnevalstage sind in diesem Jahr vom 12. Februar bis zum 17. Februar.

Lernwortschatz

	dieses Jahr	Die letzten sechs Karnevalstage sind in diesem Jahr vom 12. Februar bis zum 17. Februar.
	• die Umfrage, -n	Umfrage: ...
	mit·machen (hat mitgemacht)	Machen Sie mit und schreiben Sie.
	Feier-	Was machen Sie an diesem Feiertag?
	• der Arbeitstag, -e	Der erste Mai ist in Deutschland kein Arbeitstag.
	dritte	Vom ersten bis zum dritten Februar.
	erste	Vom ersten bis zum dritten Februar.
	zweite	Der zweite Mai.
A4	• das Fest, -e	Dort feiert man das Zuckerfest.
	B	
B1	dich	Ich habe dich sehr lieb, Opa.
	lieb haben (hat lieb gehabt)	Ich habe dich sehr lieb, Opa.
B2	• das Geschenk, -e	Wir brauchen ein Geschenk für ihn.
	• die Idee, -n	Hast du eine Idee?
	(sich) lieben (hat geliebt) 	Ich liebe dich.
	wunderbar	Wunderbar!
B3	• der Nachtisch, -e 	Aber wir müssen noch den Nachtisch machen.
	putzen (hat geputzt)	Aber wir müssen noch das Bad putzen.
	C	
C1	• die Einladung, -en	Vielen Dank für die Einladung.
	• der Flug, ¨-e	Ich kann leider nicht kommen, denn mein Flug nach Hause geht schon am Freitagmittag!
	• die Kranken-schwester, -n	Ich bin Krankenschwester und am Freitag habe ich Nachtschicht.
	• die Schicht, -en	Ich bin Krankenschwester und am Freitag habe ich Nachtschicht.
	D	
D1	werden, du wirst, er wird (ist geworden)	Am Donnerstag werde ich 30.

	ein·laden, du lädst ein, er lädt ein (hat eingeladen)		Ich lade dich zu meiner Party ein.
	hoffentlich		Kannst du kommen? Hoffentlich!
D2	• die Frage, -n		Frage/Bitte: ...
	• die Bitte, -n		Frage/Bitte: ...
	antworten (hat geantwortet)		Bitte antworte bis ...

E

E1	• das Ostern (Sg.)		An Ostern gibt es Ostereier.
	• das Weihnachten (Sg.)		An Weihnachten bekommen alle Geschenke.
	• das Silvester (Sg.)		An Silvester gibt es ein Feuerwerk.
	• das Feuerwerk, -e		An Silvester gibt es ein Feuerwerk.
	• das Neujahr (Sg.)		Am 1. Januar ist Neujahr.
E2	froh		Frohe Ostern!
	gratulieren (hat gratuliert) 		Wir gratulieren zur Hochzeit.
	• die Hochzeit, -en		Wir gratulieren zur Hochzeit.

• die Hochzeit, -en

• das Ostern (Sg.)

• das Silvester/Neujahr (Sg.)

• der Geburtstag, -e

• das Weihnachten (Sg.)

• der Karneval (Sg.)

Feste

TIPP
Suchen Sie Wörter mit gleicher oder ähnlicher Bedeutung.

das Silvester – das Neujahr

Artikelwörter und Pronomen

Possessivartikel Lektion 10

	Nominativ				Akkusativ
	Singular			Plural	Singular maskulin ⚠
ich	• mein Termin	• mein Lied	• meine Mutter	• meine Ohren	• meinen Fuß
du	dein	dein	deine	deine	deinen
er/es	sein	sein	seine	seine	seinen
sie	ihr	ihr	ihre	ihre	ihren
wir	unser	unser	unsere	unsere	unseren
ihr	euer	euer	⚠ eure	⚠ eure	⚠ euren
sie	ihr	ihr	ihre	ihre	ihren
Sie	Ihr	Ihr	Ihre	Ihre	Ihren

ÜG 2.04

Simon	seine	Hand
Milena	ihre	Ohren

Pronomen: *man* Lektion 9

man = alle / jede Person

ÜG 3.01

Demonstrativpronomen: *der, das, die* Lektion 13

Nominativ		
• der Schirm	→ Der	ist schön.
• das Kleid	→ Das	
• die Hose	→ Die	
• die Stiefel	→ Die	sind schön.

Akkusativ		
• der Schirm	→ Den	finde ich super.
• das Kleid	→ Das	
• die Hose	→ Die	
• die Stiefel	→ Die	

ÜG 3.04

Personalpronomen Lektion 13, 14

Nominativ	Dativ	Akkusativ
ich	mir	mich
du	dir	dich
er/es	ihm	ihn/es
sie	ihr	sie
wir	uns	uns
ihr	euch	euch
sie	ihnen/Ihnen	sie/Sie

ÜG 3.01

Frageartikel: *welcher?* – Demonstrativpronomen: *dieser* Lektion 13

Nominativ	
• Welcher Mantel …?	Dieser.
• Welches T-Shirt …?	Dieses.
• Welche Jacke …?	Diese.
• Welche Schuhe …?	Diese.

Akkusativ	
• Welchen Anzug …?	Diesen.
• Welches Hemd …?	Dieses.
• Welche Hose …?	Diese.
• Welche Schuhe …?	Diese.

ÜG 3.04

Adjektive

Komparation: *gut, gern, viel* Lektion 13

Positiv ☺	Komparativ ☺☺	Superlativ ☺☺☺
gut	besser	am besten
gern	lieber	am liebsten
viel	mehr	am meisten

ÜG 4.04

Verben

Konjugation Lektion 9, 13, 14

	helfen	mögen	werden
ich	helfe	**mag**	werde
du	hilfst	magst	wirst
er/sie	hilft	**mag**	wird
wir	helfen	mögen	werden
ihr	helft	mögt	werdet
sie/Sie	helfen	mögen	werden

ÜG 5.01, 5.16

Präteritum: *sein* und *haben* Lektion 8

	sein		haben	
	Präsens	Präteritum	Präsens	Präteritum
ich	bin	war	habe	hatte
du	bist	warst	hast	hattest
er/sie	ist	war	hat	hatte
wir	sind	waren	haben	hatten
ihr	seid	wart	habt	hattet
sie/Sie	sind	waren	haben	hatten

ÜG 5.06

Modalverben: *müssen, dürfen* und *sollen* Lektion 9, 10

	müssen	dürfen	sollen
ich	**muss**	**darf**	soll
du	musst	darfst	sollst
er/sie	**muss**	**darf**	soll
wir	müssen	dürfen	sollen
ihr	müsst	dürft	sollt
sie/Sie	müssen	dürfen	sollen

ÜG 5.11, 5.12

Imperativ Lektion 9

		⚠	⚠
(du)	Komm mit! Sieh mal!	Fahr!	Sei leise!
(ihr)	Hört zu!		Seid nicht so laut!
(Sie)	Warten Sie bitte!		Seien Sie bitte leise!

ÜG 5.19

Bring ein Wasser mit!

Höfliche Aufforderung: Konjunktiv II Lektion 12

Position 2			Ende
Könnten	Sie	mir bitte	helfen?
Würden	Sie	mir dann bitte das Geld	zurückgeben?
Könntest	du	mir bitte	helfen?
Würdest	du	mir dann bitte das Geld	zurückgeben?

ÜG 5.17

Verben mit Dativ Lektion 13

Wem gefällt der Mantel?	Der Mantel gefällt mir.
Wem steht das Hemd?	Das Hemd steht dir.

auch so: gehören, passen, schmecken ÜG 5.21

Präpositionen

Temporale Präposition: *für* + Akkusativ Lektion 8

Singular					Plural	
Für wie lange?						
Ich suche	für	• einen Tag	• ein Jahr	• eine Stunde	• zwei Wochen	eine Arbeit.

ÜG 6.01

Temporale Präpositionen: *vor*, *seit* + Dativ Lektion 8

Singular					Plural	
Wann?						
Ich habe	vor	• einem Monat	• einem Jahr	• einer Woche	• zehn Jahren	die Ausbildung gemacht.
Seit wann? / Wie lange?						
Ich bin	seit	• einem Monat	• einem Jahr	• einer Woche	• vier Jahren	selbstständig.

ÜG 6.01

Temporale Präpositionen: *bis, ab* Lektion 12

(Ab) wann ...?	Ab ● → drei Uhr / Montag.
Wie lange ...?	Bis → ● fünf Uhr / morgen / nächste Woche.

ÜG 6.01

Temporale Präpositionen: *vor, nach, bei, in* + Dativ Lektion 12

	Singular		Plural	
Wann?				
vor	● dem Kurs	● dem Training	● der Arbeit	● den Hausaufgaben
nach	● dem Kurs	● dem Training	● der Arbeit	● den Hausaufgaben
bei	⚠ ● beim Kurs	⚠ ● beim Training	● der Arbeit	● den Hausaufgaben
in	● einem Monat	● einem Jahr	● einer Woche	● drei Jahren

ÜG 6.01

Modale Präpositionen: *mit* + Dativ Lektion 11

Wie?	
● der Bus	→ mit dem Bus
● das Auto	→ mit dem Auto
● die S-Bahn	→ mit der S-Bahn
● die Fahrräder	→ mit den Fahrrädern

ÜG 6.04

Lokale Präposition: *bei*, modale Präposition: *als* Lektion 8

Wo arbeiten Sie?	
Ich arbeite	als Hausmeister.
	bei TerraMax.

ÜG 6.03

Lokale Präpositionen auf die Fragen *Wo?* und *Wohin?* Lektion 11

Wo ...? ◎				
hinter	● dem Kiosk	● dem Café	● der Bäckerei	● den Häusern

an + dem = am	
in + dem = im	

auch so: an, auf, neben, in, über, unter, zwischen, vor

		Wo ...? ◎	Wohin ...? → ◎
Person	● der Arzt	● beim Arzt	● zum Arzt
	● die Zahnärztin	● bei der Zahnärztin	● zur Zahnärztin
	Walter	bei Walter	zu Walter
Ort/Geschäft	● der Park	● im Park	● in den Park
	● das Bett	● im Bett	● ins Bett
	● die Apotheke	● in der Apotheke	● in die Apotheke
Länder/Städte	● der Jemen	● im Jemen	● in den Jemen
	● die Schweiz	● in der Schweiz	● in die Schweiz
	● die USA	● in den USA	● in die USA
	Berlin	in Berlin	nach Berlin

bei + dem = beim

ÜG 6.02, 6.03

Wo ...?	Wohin ...? →
⚠ zu Hause	⚠ nach Hause

⚠ Wohin ...? →	
• der Supermarkt	• zum Supermarkt
• das Training	• zum Training
• die Schule	• zur Schule

zu + dem = zum
zu + der = zur
in + das = ins

ÜG 6.02, 6.03

Zahlwörter

Ordinalzahlen: Datum Lektion 14

1. – 19. → -te				ab 20. → -ste	
1.	der erste	5.	der fünfte	20.	der zwanzigste
2.	der zweite	6.	der sechste	21.	der einundzwanzigste
3.	der dritte	7.	der siebte	...	
4.	der vierte	...			

Wann?
Am zweiten Mai.
Vom zweiten bis (zum) zwanzigsten Mai.

ÜG 8.01

Sätze

Modalverb im Satz Lektion 9, 10

	Position 2		Ende
Er	muss	einen Antrag	ausfüllen.
Hier	darf	man nicht	telefonieren.
Ich	soll	Schmerztabletten	nehmen.

ÜG 10.02

Konjunktion: *denn* Lektion 14

Maria kommt nicht. Sie hat am Abend noch einen Kurs.
Maria kommt nicht, denn sie hat am Abend noch einen Kurs.

ÜG 10.04

Wortbildung

Nomen: Wortbildung Lektion 8

	• der Mechatroniker • der Arzt • der Krankenpfleger	-in 	• die Mechatronikerin ⚠ • die Mechatronikerinnen • die Ärztin • die Krankenpflegerin
	⚠ • der Hausmann		• die Hausfrau

ÜG 11.01

Lösungen zu den Tests

Lektion 8

1 **a** Ausbildung **b** Teilzeit, Kellner **c** selbstständig **d** arbeitslos, Stelle
2 **b** waren **c** war **d** Waren **e** hatten **f** wart **g** haben **h** hatten
3 **a** Vor **c** seit **d** – **e** für **f** Seit
4 **b** 3 **c** 5 **d** 1 **e** 2 **f** 4

Lektion 9

1 **b** leise **c** langsam **d** ausmachen **e** Parkplatz
2 **a** müsst **b** musst, muss, darf
3 **b** Hört Frau Müller bitte zu. **c** Nimm bitte deinen Ausweis mit. **d** Seien Sie bitte pünktlich.
4 **a** Können Sie das bitte wiederholen? **b** Darf ich Sie etwas fragen? **c** Was bedeutet „Angehörige"?

Lektion 10

1 **b** die Notaufnahme **c** die Schmerzen **d** die Schritte
2 **b** meine **c** unser **d** unseren **e** Unsere **f** Seine **g** euer
3 **b** Ich soll eine Salbe kaufen. **c** Wir sollen Sport machen. **d** Ida soll viel Tee trinken. **e** Du sollst dein Bein kühlen. **f** Sie sollen im Bett bleiben.
4 **von oben nach unten:** 3, 1, 4, 8, 7, 5, 2, 6

Lektion 11

1 **b** Haltestelle **c** U-Bahn **d** Ampel **e** Autobahn
2 **a** dem **b** zur **c** einem **d** der **e** dem **g** zum **h** Zu **i** ins **j** die
3 **b** auf dem **c** unter dem **d** in der **e** zwischen den **f** vor der
4 **b** Fahren Sie mit dem Bus, Haltestelle Marktplatz. **c** An der Ecke, neben der Apotheke. **d** Nein, das ist zu weit. **e** Da gehen Sie zur Bücherei.

Lektion 12

1 **a** kaputt, reparieren, drücken **b** zumachen, anmachen **c** erreichbar, hinterlassen
2 **a** nach dem, in **b** vor der, Ab, Bis, beim
3 **b** Würdest du bitte das Licht ausmachen? **c** Könntest du mir bitte helfen? **d** Würden Sie bitte heute noch einen Techniker schicken?
4 **b** 3 **c** 1 **d** 2

Lektion 13

1 **a Kleidung:** der Anzug, die Bluse, der Mantel, der Pullover, der Gürtel, die Jacke
b andere Wörter: der Koffer, die Seife, die Zahnbürste, die Blume
2 **a** Welcher, Den **b** Welche, Diese, Die
3 **a** Mir **b** euch, uns **c** ihr
4 **a** am liebsten **b** besser, am besten **c** mehr, am meisten
5 **b** 2 **c** 1 **d** 3

Lektion 14

1 **b** Geschenk **c** einladen **d** feiern **e** Glückwunsch **f** gratulieren
2 **a** es **b** Euch, sie **c** ihn, dich
3 **b** Bob feiert seinen Geburtstag nicht, denn er findet ihn nicht wichtig. **c** Henry fährt am Montag nach Mainz, denn es ist Karneval. **d** Mandy möchte eine Party machen, denn sie hat eine neue Wohnung.
4 **von oben nach unten:** 5, 7, 2, 1, 4, 6, 3

Quellenverzeichnis

Cover: Bernhard Haselbeck, München
U2: © Digital Wisdom

S.10: 1b: Gisela Specht, Weßling
S. 12: A2: A © Thinkstock/iStock/monkeybusiness-images; B © Thinkstock/Wavebreakmedia Ltd; C © PantherMedia/Christian Fickinger; D © fotolia/MAST; E © Thinkstock/iStock/4774344sean
S. 13: B2 © Thinkstock/iStock/ajr_images
S. 14: B3: A © Getty Images/iStock/Danish Khan; B © Thinkstock/iStock/Elitsa Deykova; C © Thinkstock/iStock/Highwaystarz-Photography; B4c © Thinkstock/iStock/lucian coman
S. 15: C2 © Thinkstock/Digital Vision/Jochen Sand
S. 16: D1: 1 © PantherMedia/iloveotto; 2 © Thinkstock/Digital Vision/John Rowley; 3 © Thinkstock/iStock/EpicStockMedia
S. 17: D5 © Thinkstock/Wavebreak Media
S. 19: Kraus Film, München
S. 20: Heidis Lieblingsladen: Kraus Film, München
S. 21: © Thinkstock/Stockbyte/Brand X Pictures
S. 22: Führerschein © Bundesdruckerei GmbH
S. 24: A1.2 © Thinkstock/Zoonar
S. 25: B3 © Thinkstock/iStock/_human
S. 27: C4 © Thinkstock/iSTock/Frank Merfort
S. 28: D1 © Thinkstock/Goodshoot
S. 31: Kraus Film, München
S. 32: Lesen © Thinkstock/Digital Vision/Siri Stafford
S. 37: A2: A © Thinkstock/iStock/SIphotography; B © Hueber Verlag/Tatiana Mendonça
S. 39: C2 © Thinkstock/iStock/AlexRaths
S. 40: Smartphone Rahmen © Getty Images/DigitalVision Vectors/ET-ARTWORKS; Frau © Getty Images/OJO Images/Tom Merton
S. 41: E1: Mann © Thinkstock/iStock/Wavebreakmedia; Frau © Thinkstock/iStock/Lisa F. Young
S. 43: Kraus Film, München
S. 45: Film: Minga Media Entertainment GmbH, München
S. 48: Präpositionswürfel: Gisela Specht, Weßling
S. 53: D2 © Thinkstock/iStock/shironosov; D3 © Getty Images/iStock/Electra-K-Vasileiadou
S. 54: D5 © Getty Images/iStock/JackF
S. 55: E2 © dpa Picture-Alliance/Arno Burgi
S. 57: Kraus Film, München
S. 58: Film: Minga Media Entertainment GmbH, München
S. 59: Lied: Alexander Keller, München
S. 65: D1: Autohaus © iStockphoto/tomeng; Schülerhilfe © Thinkstock/iStock/monkeybusinessimages; Amt: Florian Bachmeier, Schliersee; Privatperson © Thinkstock/Purestock
S. 66: 1 © iStockphoto/targovcom; 2 © Thinkstock/iStock/Bet_Noire; 3 © fotolia/bernanamoglu; 5 © Thinkstock/FogStock/Vico Images/Erik Palmer
S. 67: E2 © Thinkstock/Goodshot/Jupiterimages; E4 © Thinkstock/Photodisc/Rayes
S. 69: Kraus Film, München
S. 70: Strand © Thinkstock/iStock/Martina Berg; Stroh © fotolia/PhotoSG; Moschee © fotolia/Ilhan Balta; Wald © Thinkstock/iStock/VChornyy
S. 71: A © Thinkstock/iStock/cohlmann; B: Tagesmutter © Thinkstock/Stockbyte/Jupiterimages; Kindergarten © Thinkstock/Comstock; Mittagsbetreuung © Thinkstock/Photodisc/Chad Baker/Jason Reed/Ryan McVay
S. 71: Smileys © Getty Images/iStock/pixelliebe
S. 73: 4 © Thinkstock/Wavebreak Media
S. 77: D2: Thomas © Thinkstock/iStock/tetmc; Sonja © Thinkstock/iStock/Jacob Wackerhausen; Tina © Thinkstock/iStock/Aleksander Kaczmarek; Tom © Thinkstock/Stockbyte/George Doyle; Koffer von links: © iStockphoto/srebrina; © Thinkstock/iStock/yevgenromanenko; © Thinkstock/iStock/Volodymyr Krasyuk; © Thinkstock/iStock/PixelEmbargo; Schuhe von links: © Thinkstock/iStock/zhaubasar; © Thinkstock/iStock/MaleWitch; © fotolia/klickerminth; © Thinkstock/iStock/Naborahfatima; Räder von links: © Thinkstock/iStock/arquiplay77; © Thinkstock/iStock/Grzegorz Petrykowski; © iStockphoto/gradts; © Thinkstock/iStock/OCTOGRAPHER; Taschen von links: © Thinkstock/PhotoObjects.net/Hemera Technologies; © Thinkstock/iStock/zhekos; © Thinkstock/iStock/Pavel Zaytsev; © Thinkstock/iStock/sunstock
S. 81: Kraus Film, München
S. 82: 1: A © Thinkstock/iStock/moodboard; B © fotolia/W. Heiber Fotostudio; C © Thinkstock/iStock/stask; D © Thinkstock/Wavebreak Media
S. 83: Feuerzeug © Thinkstock/iStock/eaglesky; Brille © Thinkstock/iStock/WestLight; Schuhe © Thinkstock/iStock/ronstik
S. 87: A3: A © fotolia/Corinna Gissemann; B © irisblende.de
S. 89 Maria © Thinkstock/iStock/Mervana; Eduardo © Thinkstock/iStock/mocoo; Sibel © Thinkstock/iStock/Daniel Ernst; Pawel © Thinkstock/iStock/IPGGutenbergUKLtd
S. 90: D1 © Thinkstock/Fuse
S. 91: E1: A © Thinkstock/iStock/SamRyley; B © Thinkstock/iStock/juefraphoto; C © Thinkstock/iStock/Elena-Vasilchenko; D © Thinkstock/iStock/edenwithin; E © PantherMedia/Carina Hansen; E2: A © Thinkstock/iStock/RomoloTavani; B © Thinkstock/iStock/kzenon; C © fotolia/Tobilander; D © fotolia/Fotowerk
S. 93: Kraus Film, München
S. 94: 1 © Getty Images/E+/mediaphotos; 2 © Thinkstock/iStock/dlugoska; 3 © iStockphoto/betoon; Illu 4 © iStockphoto/NGvozdeva
S. 95: 2: A © Getty Images/E+/mediaphotos; B © Thinkstock/iStock/dlugoska; C © iStockphoto/betoon
S. 99: 7 © iStock/Juanmonino; 8 © Thinkstock/iStock/StockRocket
S. 101: 13 © Thinkstock/iStock/amazingmikael
S. 102: 17 © Thinkstock/iStock/Daniel Ernst
S. 104: 22 © Thinkstock/iStock/ajr_images
S. 105: 24 © Thinkstock/Photodisc/Jules Frazier
S. 106: 26: links © Thinkstock/iStock/VladislavStarozhilov; rechts © Thinkstock/Photodisc/Getty Images; 27: a © Thinkstock/Hemera/Bartomiej Magierowski; b © iStockphoto/gawrav
S. 110: 6: A © PantherMedia/arenaphotouk; B © Bundesdruckerei GmbH, F © Bundesministerium des Inneren; C, E © Hueber Verlag; D © fotolia/Angela Kausche; 7 © Thinkstock/iStock/AlexRaths
S. 111: 10: A, C © fotolia/xiver; B © fotolia/vektorisiert; E © vulkanismus - stock.adobe.com; F © fotolia/LaCatrina;
S. 118: 1: b © fotolia/Marem; c © Thinkstock/iStock/jojoo64; d © fotolia/LaCatrina; e © fotolia/xiver

S. 120: 5: A © Thinkstock/Ron Chapple Studios; B © Thinkstock/iStock/DragonImages
S. 121: 8 © Thinkstock/iStock/Juanmonino
S. 122: 12 © PantherMedia/Kirill Ryzhov
S. 123: 13 © Getty Images/iStock/sturti
S. 125: 19: 1 © Thinkstock/Fuse; 2 © Thinkstock/iStock/waldru
S. 127: 23 © Getty Images/iStock/fotostorm
S. 129: 28: links © Thinkstock/Monkey Business Images; rechts © Thinkstock/Design Pics
S. 131: 1: Gisela Specht, Weßling
S. 138: © Thinkstock/iStock/Milenko Bokan
S. 142: 3: Gisela Specht, Weßling
S. 143: 1 © iStockphoto/mevans
S. 144: 3 © Thinkstock/iStock/melis82
S. 148: 11: A © iStock/Sjo; B © iStockphoto/jaroon; C © Thinkstock/iStock/Oleksiy Mark; D © Thinkstock/iStock/Chunhai Cao
S. 151: 22b © Thinkstock/iStock/Oleksiy Mark
S. 153: 27: Illus: Fenster, Flasche, Heizung: Gisela Specht, Weßling
S. 155: 3: 1 © Thinkstock/iStock/Jovanmandic; 2 © Thinkstock/iStock/JackF
S. 156: 5: a © Thinkstock/iStock/JackF; b © Getty Images/E+/JGalione
S. 160: 16: A © Thinkstock/iStock/Ridofranz; B © Thinkstock/Amit Somvanshi; C © Thinkstock/iStock/william87
S. 162: 20 © Thinkstock/Purestock; 22 © Thinkstock/iStock/Minerva Studio
S. 164: 26 © Getty Images/E+/EXTREME-PHOTOGRAPHER
S. 168: 3 © Thinkstock/Blend Images/John Lund
S. 169: 6 © Getty Images/iStock/Sami Sert; 7 © Thinkstock/Stockbyte/George Doyle
S. 171: © iStock/Getty Images Plus/Lisa Thornberg
S. 174: 19 © Thinkstock/iStock/Manuta
S. 174: 21: A © Thinkstock/iStock/Yulia-Images; B © Thinkstock/iStock/tonivaver; C © Thinkstock/iStock/gpointstudio; D © Thinkstock/Design Pics/Tomas del Amo; U22: A © fotolia/Tobilander; B © fotolia/Fotowerk; C © Thinkstock/iStock/RomoloTavani; D © Thinkstock/iStock/kzenon
S. 176: 23 © Thinkstock/iStock/JackFrog; 24: a2 © Thinkstock/iStock/monkeybusinessimages; b1 © Thinkstock/iStock/Artranqb; b2 © fotolia/Patrick Hermans; c1 © Thinkstock/iStock/JiAA- HodeAek; c2 © Thinkstock/iStock/Brand X Pictures
S. 178: Illu Zeitung: Gisela Specht, Weßling
S. 182: Journalistin © iStock/kupicoo; Ärztin © Thinkstock/iStock/monkeybusinessimages; Pfleger © iStockphoto/jonathandowney; Mechatroniker, Koch © Thinkstock/Wavebreakmedia Ltd; Polizistin © fotolia/MAST; Fahrer © fotolia/Kzenon; Kellner © fotolia/WavebreakMediaMicro
S. 190: A1: Gisela Specht, Weßling
S. 197: 1. Z.v.l.: © Thinkstock/iStock/hdoggrafix; © iStockphoto/jaroon; © iStockphoto/macroworld; © Thinkstock/iStock/scanrail; 2. Z.v.l.: © iStock/Alan Crawford; © Thinkstock/iStock/Oleksiy Mark; TV © Thinkstock/Photodisc/Ryan McVay; Sprecherin ©iStock/Alexander Podshivalov; © iStock/Sjo; 3. Z.v.l.: © Thinkstock/iStock/tiler84; © fotolia/Ericos; © Thinkstock/iStock/Pogotskiy; © Thinkstock/iStock/Chunhai Cao; 4. Z.v.l.: © Getty Images/iStock/pzAxe; © PantherMedia/Tobias Kaltenbach; © ThinkStock/iStock/Azure-Dragon
S. 200: Mann © Thinkstock/iStock/moodboard
S. 203: Hochzeit © PantherMedia/Ralph Rösch; Ostern © Thinkstock/iStock/kzenon; Silvester © Thinkstock/iStock/RomoloTavani; Weihnachten © PantherMedia/Carina Hansen; Karneval © irisblende.de

Alle anderen Fotos: Matthias Kraus, München
Illustrationen: Jörg Saupe, Düsseldorf

Bildredaktion: Iciar Caso, Hueber Verlag München